Les meilleurs gâteaux faits maison

100 recettes pour des desserts inoubliables

Sophie Dubois

Table des matières

Gâteau mousseux aux fraises 12
Bûche de Noël 14
Gâteau Bonnet de Pâques 16
Gâteau Simnel de Pâques 17
Gâteau de la douzième nuit 19
Tarte aux pommes au micro-ondes 20
Tarte aux pommes micro-ondes 21
Tarte aux pommes et aux noix au micro-ondes 22
Gâteau aux carottes au micro-ondes 23
Gâteau aux carottes, ananas et noix au micro-ondes 24
Gâteaux au son épicés pour micro-ondes 26
Gâteau au fromage aux bananes et aux fruits de la passion au micro-ondes 27
Gâteau au fromage à l'orange au micro-ondes 28
Gâteau au fromage à l'ananas au micro-ondes 29
Pain aux cerises et aux noix au micro-ondes 30
Gâteau au chocolat au micro-ondes 31
Gâteau au chocolat aux amandes au micro-ondes 32
Brownies double chocolat au micro-ondes 34
Barres de chocolat aux dattes pour micro-ondes 35
Carrés de chocolat au micro-ondes 36
Gâteau au café rapide au micro-ondes 38
Gâteau de Noël au micro-ondes 39
gâteau aux miettes au micro-ondes 41

Barres aux dattes pour micro-ondes ... 42

Pain aux figues micro-ondes ... 43

crêpes au micro-ondes ... 44

Tarte aux fruits au micro-ondes ... 45

Carrés aux fruits et à la noix de coco au micro-ondes ... 46

Gâteau au fudge au micro-ondes ... 47

Pain d'épice au micro-ondes ... 48

Barres de gingembre au micro-ondes ... 49

Gâteau doré au micro-ondes ... 50

Gâteau au miel et aux noisettes au micro-ondes ... 51

Barres de muesli tendres allant au micro-ondes ... 52

Gâteau aux pacanes au micro-ondes ... 53

Gâteau au jus d'orange au micro-ondes ... 54

pavlovas au micro-ondes ... 55

gâteau au micro-ondes ... 56

Shortcake aux fraises au micro-ondes ... 57

Gâteau au micro-ondes ... 58

Barres micro-ondes Sultana ... 59

Biscuits au chocolat au micro-ondes ... 60

Biscuits à la noix de coco au micro-ondes ... 61

Florentins au micro-ondes ... 62

Biscuits aux noisettes et aux cerises au micro-ondes ... 63

Biscuits Sultana au micro-ondes ... 64

Pain aux bananes au micro-ondes ... 65

Pain au fromage micro-ondes ... 66

Pain aux noix au micro-ondes ... 67

Gâteau Amaretti sans four ... 68

Barres de riz américaines croustillantes	69
carrés aux abricots	70
Gâteau roulé suisse aux abricots	71
Gâteaux aux biscuits brisés	72
Gâteau au babeurre sans cuisson	73
tranche de châtaigne	74
gâteau aux châtaignes	75
Barres au chocolat et aux amandes	77
Gâteau au chocolat croustillant	78
Carrés aux miettes de chocolat	79
Réfrigérateur à gâteaux au chocolat	80
Gâteau au chocolat et aux fruits	81
Carrés chocolat et gingembre	82
Carrés de luxe au chocolat et au gingembre	83
Biscuits au chocolat et au miel	84
gâteau au chocolat en couches	85
bonnes tablettes de chocolat	86
Carrés Chocolat Praliné	87
Chips à la noix de coco	88
barres croustillantes	89
Chips à la noix de coco et aux raisins secs	90
Carrés de café au lait	91
gâteau aux fruits sans cuisson	92
Carrés fruités	93
Crunchs aux fruits et fibres	94
Gâteau étagé au nougat	95
Carrés au lait et muscade	96

muesli croustillant	98
Carrés de mousse à l'orange	99
carrés aux cacahuètes	100
Tartes aux bonbons à la menthe poivrée	101
biscuits au riz	102
Tofettes au riz et au chocolat	103
Pate d'amande	104
pâte d'amande sans sucre	105
glaçage royal	106
glaçage sans sucre	107
glaçage fondant	108
glaçage au beurre	109
Glaçage au beurre de chocolat	110
Glaçage au beurre de chocolat blanc	111
glaçage au beurre de café	112
Glaçage au beurre citronné	113
Glaçage au beurre d'orange	114
Crème glaçage au fromage	115
glaçage orange	116
Couverture de la liqueur d'orange	117
Biscuits à l'avoine et aux raisins secs	118
Biscuits épicés à l'avoine	119
Biscuits à l'avoine à grains entiers	120
Biscuits à l'orange	121
Biscuits à l'orange et au citron	122
Biscuits à l'orange et aux noix	123
Biscuits à l'orange et aux pépites de chocolat	124

Cookies épicés à l'orange	125
cookies au beurre de cacahuète	126
Tourbillons de beurre d'arachide au chocolat	127
Biscuits à l'avoine et au beurre d'arachide	128
Biscuits au beurre de cacahuète et au miel de coco	129
Biscuits aux noix de pécan	130
biscuits moulin à vent	131
Biscuits rapides au babeurre	132
Cookies aux raisins	133
biscuits moelleux aux raisins secs	134
raisins secs tranchés et mélasse	135
Biscuits au Ratafia	136
Crackers de riz et muesli	137
Crèmes Roma	138
biscuits de sable	139
Biscuits à la crème sure	140
biscuits à la cassonade	141
Biscuits au sucre et à la muscade	142
sables	143
biscuits de Noël	144
pain sucré au miel	145
Biscuits au beurre citronné	146
Pain sucré à la viande hachée	147
Biscuits au beurre de noix de pécan	148
Biscuits à l'orange	149
Le pain sucré de l'homme riche	150
Biscuits à l'avoine à grains entiers	152

tourbillons d'amandes	153
Biscuits au chocolat meringué	154
biscuits	155
gâteau glacé au gingembre	156
Biscuits Shrewsbury	157
Biscuits épicés espagnols	158
biscuits aux épices à l'ancienne	159
Buicuits à la mélasse	160
Biscuits à la mélasse, aux abricots et aux noix	161
Biscuits à la mélasse et au babeurre	162
Biscuits à la mélasse et au café	163
Biscuits à la mélasse et aux dattes	164
Biscuits à la mélasse et au pain d'épice	165
Biscuits à la vanille	166
Biscuits aux noix	167
Biscuits croquants	168
biscuits au fromage cheddar	169
Craquelins au fromage bleu	170
Crackers fromage et sésame	171
Bâtons de fromage	172
Craquelins au fromage et aux tomates	173
Bouchées au fromage de chèvre	174
Rouleaux au jambon et à la moutarde	175
Biscuits Jambon Et Poivrons	176
Biscuits simples aux herbes	177
biscuits indiens	178
Sablés aux noisettes et échalotes	179

Crackers au saumon et à l'aneth 180

Biscuits au soda 181

Moulins à tomates et parmesan.. 182

Biscuits à la tomate et aux herbes 183

Pain blanc de base 184

bagels... 185

baps 186

Pain d'orge crémeux 187

Pain à la bière 188

pain brun boston 189

Pots de son 190

petits pains au beurre.. 191

pain au babeurre 192

Pain de Maïs Canadien 193

petits pains de cornouailles 194

Pain plat campagnard 195

Tresse Pays aux graines de pavot 196

Pain de campagne complet 198

tresses au curry 199

Départements du Devon 201

Pain aux germes de blé aux fruits.. 202

Tresses de lait fruité 203

pain de grenier 204

petits pains de grange 205

Pain aux Greniers aux Noisettes 206

Grissini 207

tresse de récolte 208

pain au lait 210

pain aux fruits avec du lait 211

pain gloire du matin 212

pain de mie 213

Pain sans levure 214

pâte à pizza 215

Avoine en épi 216

farine d'avoine 217

pain pita 219

pain complet rapide 220

Pain de riz moelleux 221

Pain au riz et aux amandes 222

Gâteau mousseux aux fraises

Donne un gâteau de 23 cm/9 pouces

Pour le gâteau :

4 oz/100 g/1 tasse de farine auto-levante

100 g/4 oz/½ tasse de beurre ou de margarine, ramolli

100 g/4 oz/½ tasse de sucre en poudre (superfin)

2 oeufs

Pour la mousse :

15 ml/1 cuillère à soupe de gélatine en poudre

30 ml/2 cuillères à soupe d'eau

1 livre/450 g de fraises

3 œufs, séparés

3 oz/75 g/1/3 tasse de sucre en poudre (superfin)

5 ml/1 cuillère à café de jus de citron

300 ml/½ pt/1¼ tasse de crème double (épaisse)

30 ml/2 cuillères à soupe d'amandes effilées (tranchées), légèrement grillées

Battre les ingrédients du gâteau jusqu'à consistance lisse. Verser dans un moule à gâteau de 9/23 cm graissé et chemisé et cuire dans un four préchauffé à 190°C/375°F/thermostat 5 pendant 25 minutes jusqu'à ce qu'ils soient dorés et fermes au toucher. Retirer du moule et laisser refroidir.

Pour faire la mousse, saupoudrer la gélatine sur l'eau dans un bol et laisser jusqu'à consistance mousseuse. Placez le récipient dans une casserole avec de l'eau chaude et laissez-le jusqu'à ce qu'il se dissolve. Refroidir légèrement. Pendant ce temps, réduire en purée 12 oz/350 g de fraises, puis passer au tamis (filtre) pour éliminer les pépins. Battre les jaunes d'œufs et le sucre jusqu'à ce qu'ils soient pâles et épais et que le mélange glisse au fouet en lanières.

Ajouter la purée, le jus de citron et la gélatine. Fouetter la crème jusqu'à consistance ferme, puis incorporer la moitié au mélange. À l'aide d'un fouet et d'un bol propres, battre les blancs d'œufs en neige ferme, puis les incorporer au mélange.

Coupez le gâteau en deux horizontalement et placez une moitié sur le fond d'un moule à tarte propre (plateau) tapissé de film alimentaire (pellicule plastique). Tranchez les fraises restantes et placez-les sur le biscuit, puis recouvrez de crème aromatisée et enfin de la deuxième couche de gâteau. Appuyez très doucement. Refroidir jusqu'à ce qu'il soit pris.

Pour servir, renverser la tarte sur une assiette de service et retirer le film alimentaire (pellicule plastique). Décorer avec le reste de crème et décorer avec les amandes.

Bûche de Noël

faire un

3 oeufs

100 g/4 oz/½ tasse de sucre en poudre (superfin)

1 tasse/4 oz/100 g de farine ordinaire (tout usage)

2 oz/50 g/½ tasse de chocolat nature (mi-sucré), râpé

15 ml/1 cuillère à soupe d'eau chaude

sucre glace (surfin) pour l'enrobage

Pour le glaçage (glaçage) :
¾ tasse/6 oz/175 g de beurre ou de margarine, ramolli

12 oz/350 g/2 tasses de sucre glace (glaçage), tamisé

30 ml/2 cuillères à soupe d'eau tiède

30 ml/2 cuillères à soupe de cacao en poudre (chocolat non sucré) Pour décorer :

feuilles de houx et rouge-gorge (facultatif)

Battre les œufs et le sucre dans un bol résistant à la chaleur placé au-dessus d'une casserole d'eau frémissante. Continuez à battre jusqu'à ce que le mélange soit ferme et tombe du batteur en rubans. Retirer du feu et battre jusqu'à refroidissement. Incorporer la farine en deux, puis le chocolat, puis le reste de farine, puis ajouter l'eau. Verser dans un moule à roulé graissé et chemisé (moule à gâteau roulé) et cuire dans un four préchauffé à 220°C/425°F/gaz niveau 7 pendant environ 10 minutes jusqu'à consistance ferme au toucher. Saupoudrez une grande feuille de papier sulfurisé (ciré) de sucre en poudre. Sortez le gâteau du moule sur le papier et coupez les bords. Couvrir avec une autre feuille de papier et rouler sans serrer à partir du bord court.

Pour faire le glaçage, mélanger le beurre ou la margarine et le sucre glace, puis ajouter l'eau et le cacao. Déroulez la tarte refroidie, retirez le papier et badigeonnez la tarte avec la moitié du glaçage. Roulez-le à nouveau, puis recouvrez-le avec le glaçage restant en le taillant avec une fourchette pour qu'il ressemble à une bûche. Tamisez un peu de sucre glace dessus et décorez à votre guise.

Gâteau Bonnet de Pâques

Donne un gâteau de 20 cm/8 pouces

3 oz/75 g/1/3 tasse de cassonade

3 oeufs

¾ tasse/3 oz/75 g de farine auto-levante

15 ml/1 cuillère à soupe de poudre de cacao (chocolat non sucré)

15 ml/1 cuillère à soupe d'eau tiède

Pour le remplissage:
2 oz/50 g/¼ tasse de beurre ou de margarine, ramolli

3 oz/75 g/½ tasse de sucre glace, tamisé

Pour la couverture :
4 oz/100 g/1 tasse de chocolat nature (mi-sucré)

1 oz/25 g/2 cuillères à soupe de beurre ou de margarine

Ruban ou fleurs en sucre (facultatif)

Battez le sucre et les œufs dans un bol résistant à la chaleur placé au-dessus d'une casserole d'eau frémissante. Continuez à battre jusqu'à ce que le mélange soit épais et crémeux. Laisser reposer quelques minutes, puis retirer du feu et battre à nouveau jusqu'à ce que le mélange laisse une traînée lorsque le fouet est retiré. Ajouter la farine et le cacao, puis ajouter l'eau. Verser le mélange dans un moule à tarte de 20 cm/8 graissé et chemisé et dans un moule à tarte de 15 cm/6 graissé et chemisé. Cuire dans un four préchauffé à 200°C/400°F/gaz niveau 6 pendant 15 à 20 minutes jusqu'à ce qu'ils soient bien gonflés et fermes au toucher. Laisser refroidir sur une grille.

Pour faire la garniture, battre ensemble la margarine et le sucre glace. Utilisez-le pour placer le petit gâteau en sandwich sur le plus grand.

Pour faire la garniture, faites fondre le chocolat et le beurre ou la margarine dans un bol résistant à la chaleur placé au-dessus d'une casserole d'eau frémissante. Versez la garniture sur le gâteau et étalez avec un couteau trempé dans de l'eau chaude afin qu'il soit entièrement recouvert. Décorez le pourtour avec un ruban ou des fleurs en sucre.

Gâteau Simnel de Pâques

Donne un gâteau de 20 cm/8 pouces

8 oz/225 g/1 tasse de beurre ou de margarine, ramolli

8 oz/225 g/1 tasse de cassonade douce

le zeste râpé de 1 citron

4 œufs battus

8 oz/2 tasses/225 g de farine ordinaire (tout usage)

5 ml/1 cuillère à café de levure chimique

2,5 ml/½ cuillère à café de noix de muscade râpée

50 g/2 oz/½ tasse de semoule de maïs (amidon de maïs)

100g/4oz/2/3 tasse de raisins secs (raisins dorés)

100g/4oz/2/3 tasse de raisins secs

75g/3oz/½ tasse de groseilles

4 oz/100 g/½ tasse de cerises glacées (confites), hachées

1 oz/25 g/¼ tasse d'amandes moulues

1 livre/450 g de pâte d'amande

30 ml/2 cuillères à soupe de confiture d'abricots (en conserve)

1 blanc d'oeuf, battu

Crémer le beurre ou la margarine, le sucre et le zeste de citron jusqu'à ce qu'ils soient pâles et mousseux. Ajouter progressivement les œufs, puis ajouter la farine, la levure chimique, la muscade et la semoule de maïs. Ajouter les fruits et les amandes. Verser la moitié du mélange dans un moule à gâteau de 20 cm de profondeur graissé et chemisé. Étalez la moitié de la pâte d'amande en un cercle de la taille du gâteau et placez-le sur le mélange. Remplissez avec le reste du mélange et faites cuire dans un four préchauffé à 160°C/325°F/gaz niveau 3 pendant 2h à 2h30 jusqu'à ce qu'ils soient dorés. Laisser refroidir dans le moule. Une fois refroidi, démouler et envelopper dans du papier sulfurisé (ciré). Conserver dans un récipient hermétique jusqu'à trois semaines si possible pour mûrir.

Pour finir le gâteau, nous badigeonnons le dessus avec la confiture. Étalez les trois quarts restants de la pâte d'amande en un cercle de 8/20 cm, lissez les bords et posez sur le dessus du gâteau. Roulez le reste de pâte d'amande en 11 boules (pour représenter les disciples sans Judas). Badigeonnez le dessus du gâteau de blanc d'œuf battu et dressez les boules sur le pourtour du gâteau, puis badigeonnez de blanc d'œuf. Placer sous un gril chaud (broil) pendant environ une minute pour dorer légèrement.

Gâteau de la douzième nuit

Donne un gâteau de 20 cm/8 pouces

8 oz/225 g/1 tasse de beurre ou de margarine, ramolli

8 oz/225 g/1 tasse de cassonade douce

4 œufs battus

8 oz/2 tasses/225 g de farine ordinaire (tout usage)

5 ml / 1 c. à thé d'épices mélangées moulues (tarte aux pommes)

6 oz/175 g/1 tasse de raisins secs (raisins dorés)

100g/4oz/2/3 tasse de raisins secs

75g/3oz/½ tasse de groseilles

2 oz/50 g/¼ tasse de cerises glacées (confites)

1/3 tasse/2 oz/50 g de zeste mélangé (confit) haché

30 ml/2 cuillères à soupe de lait

12 bougies à décorer

Crémer le beurre ou la margarine et le sucre jusqu'à ce qu'ils soient pâles et mousseux. Ajouter progressivement les œufs, puis ajouter la farine, le mélange d'épices, les fruits et les zestes et mélanger jusqu'à ce que le tout soit bien mélangé, en ajoutant un peu de lait si nécessaire pour obtenir un mélange onctueux. Verser dans un moule à gâteau de 20 cm de diamètre graissé et chemisé et cuire dans un four préchauffé à 180°C/350°F/thermostat 4 pendant 2 heures jusqu'à ce qu'un cure-dent inséré au centre en ressorte propre. Laisser

Tarte aux pommes au micro-ondes

Donne un carré de 23 cm/9 po

100 g/4 oz/½ tasse de beurre ou de margarine, ramolli

100 g/4 oz/½ tasse de cassonade douce

30 ml/2 cuillères à soupe de sirop doré (maïs clair)

2 oeufs, légèrement battus

8 oz/225 g/2 tasses de farine auto-levante

10 ml/2 cuillères à café d'épices mélangées moulues (tarte aux pommes)

120 ml/4 oz/½ tasse de lait

2 pommes à cuire (aigres), pelées, évidées et tranchées finement

15 ml/1 cuillère à soupe de sucre en poudre (superfin)

5 ml/1 cuillère à café de cannelle moulue

Crémer le beurre ou la margarine, la cassonade et le sirop jusqu'à ce qu'ils soient pâles et mousseux. Ajouter les œufs petit à petit. Ajouter la farine et les épices mélangées, puis ajouter le lait jusqu'à consistance lisse. Ajouter les pommes. Verser dans un moule à anneau micro-ondable de 23 cm / 9 po graissé et tapissé de fond et cuire au micro-ondes à intensité moyenne 12 minutes jusqu'à ce que le mélange soit pris. Laisser reposer 5 minutes, puis retourner et saupoudrer de sucre en poudre et de cannelle.

Tarte aux pommes micro-ondes

Donne un gâteau de 20 cm/8 pouces

100 g/4 oz/½ tasse de beurre ou de margarine, ramolli

6 oz/175 g/¾ tasse de cassonade douce

1 oeuf, légèrement battu

1½ tasse/6 oz/175 g de farine ordinaire (tout usage)

2,5 ml/½ cuillère à café de levure chimique

Une pincée de sel

2,5 ml/½ cuillère à thé de piment de la Jamaïque moulu

1,5 ml/¼ cuillère à café de noix de muscade râpée

1,5 ml/¼ cuillère à café de clous de girofle moulus

300 ml/½ pt/1¼ tasse de compote de pommes non sucrée (sauce)

75g/3oz/½ tasse de raisins secs

Sucre glace (de confiserie) pour saupoudrer

Battre le beurre ou la margarine et la cassonade jusqu'à consistance légère et mousseuse. Ajouter progressivement l'œuf, puis ajouter la farine, la levure chimique, le sel et les épices en alternant avec la compote de pommes et les raisins secs. Verser dans un plat micro-ondable graissé et fariné de 20 cm / 8 pouces et cuire au micro-ondes à puissance élevée pendant 12 minutes. Laisser refroidir dans le moule, puis couper en carrés et saupoudrer de sucre glace.

Tarte aux pommes et aux noix au micro-ondes

Donne un gâteau de 20 cm/8 pouces

¾ tasse/6 oz/175 g de beurre ou de margarine, ramolli

100 g/4 oz/½ tasse de sucre en poudre (superfin)

3 oeufs, légèrement battus

30 ml/2 cuillères à soupe de sirop doré (maïs clair)

zeste râpé et jus de 1 citron

1½ tasse/6 oz/175 g de farine auto-levante

2 oz/50 g/½ tasse de noix hachées

1 pomme à manger (pour le dessert), pelée, évidée et hachée

4 oz/100 g/2/3 tasse de sucre à glacer

30 ml/2 cuillères à soupe de jus de citron

15 ml/1 cuillère à soupe d'eau

Moitiés de noix pour décorer

Battre le beurre ou la margarine et le sucre à glacer jusqu'à consistance légère et mousseuse. Ajouter progressivement les œufs, puis le sirop, le zeste et le jus de citron. Ajouter la farine, les noix hachées et la pomme. Verser dans un plat rond graissé de 20 cm allant au micro-ondes et cuire au micro-ondes à puissance élevée pendant 4 minutes. Retirer du four et couvrir de papier d'aluminium. Laisser refroidir. Mélangez le sucre glace avec le jus de citron et suffisamment d'eau pour former un glaçage lisse (glaçage). Répartir sur le gâteau et décorer de moitiés de noix.

Gâteau aux carottes au micro-ondes

Donne un gâteau de 18 cm/7 pouces

100 g/4 oz/½ tasse de beurre ou de margarine, ramolli

100 g/4 oz/½ tasse de cassonade douce

2 oeufs battus

Le zeste râpé et le jus d'1 orange

2,5 ml/½ cuillère à café de cannelle moulue

Une pincée de muscade râpée

4 oz/100 g de carottes, râpées

4 oz/100 g/1 tasse de farine auto-levante

1 oz/25 g/¼ tasse d'amandes moulues

1 oz/25 g/2 cuillères à soupe de sucre en poudre (superfin)

Pour la couverture :
100g/4oz/½ tasse de fromage à la crème

2 oz/50 g/1/3 tasse de sucre à glacer (glaçage), tamisé

30 ml/2 cuillères à soupe de jus de citron

Battre le beurre et le sucre jusqu'à consistance légère et mousseuse. Ajouter progressivement les œufs, puis ajouter le jus et le zeste d'orange, les épices et les carottes. Ajouter la farine, les amandes et le sucre. Verser dans un moule à gâteau de 18 cm de diamètre graissé et chemisé et couvrir de film alimentaire (pellicule plastique). Cuire au micro-ondes à puissance élevée pendant 8 minutes jusqu'à ce qu'un cure-dent inséré au centre en ressorte propre. Retirer le film transparent et laisser reposer 8 minutes avant de démouler sur une grille pour terminer le refroidissement. Fouettez ensemble les ingrédients de la garniture, puis étalez-les sur le gâteau refroidi.

Gâteau aux carottes, ananas et noix au micro-ondes

Donne un gâteau de 20 cm/8 pouces

8 oz/225 g/1 tasse de sucre en poudre (superfin)

2 oeufs

120 ml/4 oz/½ tasse d'huile

1,5 ml/¼ cuillère à café de sel

5 ml/1 cuillère à café de bicarbonate de soude (bicarbonate de sodium)

4 oz/100 g/1 tasse de farine auto-levante

5 ml/1 cuillère à café de cannelle moulue

6 oz/175 g de carottes, râpées

3 oz/75 g/¾ tasse de noix hachées

8 oz/225 g d'ananas écrasé avec son jus

Pour le glaçage (glaçage) :
½ oz/15 g/1 cuillère à soupe de beurre ou de margarine

2 oz/50 g/¼ tasse de fromage à la crème

10 ml/2 cuillères à café de jus de citron

Sucre glace (glaçage), tamisé

Tapisser un grand moule circulaire (moule tubulaire) de papier sulfurisé. Battre le sucre, les œufs et l'huile. Ajouter délicatement les ingrédients secs jusqu'à ce qu'ils soient bien mélangés. Ajouter le reste des ingrédients du gâteau. Verser la pâte dans le moule préparé, placer sur une grille ou une assiette à l'envers et cuire au micro-ondes à puissance élevée pendant 13 minutes ou jusqu'à ce qu'elle soit prise. Laisser reposer 5 minutes puis démouler sur une grille pour refroidir.

Pendant ce temps, préparez le glaçage. Mettez le beurre ou la margarine, le fromage à la crème et le jus de citron dans un bol et passez au micro-ondes à puissance élevée pendant 30 à 40 secondes. Ajouter graduellement suffisamment de sucre glace pour obtenir une consistance épaisse et battre jusqu'à consistance mousseuse. Lorsque le gâteau est froid, étalez le glaçage dessus.

Gâteaux au son épicés pour micro-ondes

il y a 15 ans

¾ tasse/3 oz/75 g de céréales All Bran

250 ml/8 oz/1 tasse de lait

1½ tasse/6 oz/175 g de farine ordinaire (tout usage)

3 oz/75 g/1/3 tasse de sucre en poudre (superfin)

10 ml/2 cuillères à café de levure chimique

10 ml/2 cuillères à café d'épices mélangées moulues (tarte aux pommes)

Une pincée de sel

60 ml/4 cuillères à soupe de sirop doré (maïs clair)

45 ml/3 cuillères à soupe d'huile

1 oeuf, légèrement battu

75g/3oz/½ tasse de raisins secs

15 ml/1 cuillère à soupe de zeste d'orange râpé

Faire tremper les céréales dans le lait pendant 10 minutes. Mélangez la farine, le sucre, la levure chimique, le mélange d'épices et le sel, puis mélangez-les aux céréales. Ajouter le sirop, l'huile, l'œuf, les raisins secs et le zeste d'orange. Placer dans des boîtes en papier (papiers à cupcakes) et micro-ondes cinq gâteaux à la fois à puissance élevée pendant 4 minutes. Répétez l'opération pour les gâteaux restants.

Gâteau au fromage aux bananes et aux fruits de la passion au micro-ondes

Donne un gâteau de 23 cm/9 pouces

100 g/4 oz/½ tasse de beurre ou de margarine, fondu

1½ tasses/6 oz/175 g de chapelure de biscuits au pain d'épice

9 oz/250 g/1 généreuse tasse de fromage à la crème

6 fl oz/175 ml/¾ tasse de crème sure (produit laitier aigre)

2 oeufs, légèrement battus

100 g/4 oz/½ tasse de sucre en poudre (superfin)

zeste râpé et jus de 1 citron

150 ml/¼ pt/2/3 tasse de crème fouettée

1 banane, tranchée

1 fruit de la passion, haché

Mélanger le beurre ou la margarine et la chapelure de craquelins et presser au fond et sur les côtés d'un moule à crème anglaise de 9 pouces/23 cm pour micro-ondes. Cuire au micro-ondes à puissance élevée pendant 1 minute. Laisser refroidir.

Battre le fromage à la crème et la crème sure jusqu'à consistance lisse, puis ajouter l'œuf, le sucre, le jus et le zeste de citron. Verser dans la base et répartir uniformément. Cuire à feu moyen pendant 8 minutes. Laisser refroidir.

Fouettez la crème jusqu'à ce qu'elle soit ferme, puis étalez-la sur le couvercle. Garnir de tranches de plantain et napper de chair de fruit de la passion.

Gâteau au fromage à l'orange au micro-ondes

Donne un gâteau de 20 cm/8 pouces

2 oz/50 g/¼ tasse de beurre ou de margarine

12 biscuits digestifs (graham crackers), écrasés

100 g/4 oz/½ tasse de sucre en poudre (superfin)

8 oz/225 g/1 tasse de fromage à la crème

2 oeufs

30 ml/2 cuillères à soupe de concentré de jus d'orange

15 ml/1 cuillère à soupe de jus de citron

150 ml/¼ pt/2/3 tasse de crème sure (produit laitier aigre)

Une pincée de sel

1 orange

30 ml/2 cuillères à soupe de confiture d'abricots (en conserve)

150 ml/¼ pt/2/3 tasse de crème double (épaisse)

Faire fondre le beurre ou la margarine dans un plat à crème pâtissière de 8 pouces/20 cm au micro-ondes à puissance élevée pendant 1 minute. Ajouter les miettes de biscuits et 1 oz/25 g/2 cuillères à soupe de sucre et presser dans le fond et les côtés du plat. Battez le fromage avec le sucre et les œufs restants, puis ajoutez les jus d'orange et de citron, la crème sure et le sel. Verser dans le boîtier (coquille) et cuire au micro-ondes à puissance élevée pendant 2 minutes. Laisser reposer pendant 2 minutes, puis cuire au micro-ondes à puissance élevée pendant encore 2 minutes. Laisser reposer pendant 1 minute, puis chauffer au micro-ondes à puissance élevée pendant 1 minute. Laisser refroidir.

Pelez l'orange et retirez les segments de la membrane avec un couteau bien aiguisé. Faites fondre la confiture et badigeonnez-en le dessus du cheesecake. Fouettez la crème et placez-la sur le bord du cheesecake, puis décorez avec les quartiers d'orange.

Gâteau au fromage à l'ananas au micro-ondes

Donne un gâteau de 23 cm/9 pouces

100 g/4 oz/½ tasse de beurre ou de margarine, fondu

1½ tasses/6 oz/175 g de miettes de craquelins digestifs (biscuits Graham)

9 oz/250 g/1 généreuse tasse de fromage à la crème

2 oeufs, légèrement battus

5 ml/1 cuillère à café de zeste de citron râpé

30 ml/2 cuillères à soupe de jus de citron

3 oz/75 g/1/3 tasse de sucre en poudre (superfin)

14 oz/400 g/1 grande boîte d'ananas, égoutté et écrasé

150 ml/¼ pt/2/3 tasse de crème double (épaisse)

Mélanger le beurre ou la margarine et la chapelure de craquelins et presser au fond et sur les côtés d'un moule à crème anglaise de 9 pouces/23 cm pour micro-ondes. Cuire au micro-ondes à puissance élevée pendant 1 minute. Laisser refroidir.

> Battre le fromage à la crème, les œufs, le zeste de citron, le jus et le sucre jusqu'à consistance lisse. Ajouter l'ananas et verser dans la base. Cuire au micro-ondes à feu moyen pendant 6 minutes jusqu'à consistance ferme. Laisser refroidir.

Fouetter la crème jusqu'à ce qu'elle soit ferme, puis l'empiler sur le gâteau au fromage.

Pain aux cerises et aux noix au micro-ondes

Donne un pain de 900g/2lb

¾ tasse/6 oz/175 g de beurre ou de margarine, ramolli

6 oz/175 g/¾ tasse de cassonade douce

3 œufs battus

8 oz/2 tasses/225 g de farine ordinaire (tout usage)

10 ml/2 cuillères à café de levure chimique

Une pincée de sel

45 ml/3 cuillères à soupe de lait

3 oz/75 g/1/3 tasse de cerises glacées (confites)

3 oz/75 g/¾ tasse de noix mélangées hachées

1 oz/25 g/3 cuillères à soupe de sucre glace, tamisé

Battre le beurre ou la margarine et la cassonade jusqu'à consistance légère et mousseuse. Incorporer les œufs petit à petit, puis ajouter la farine, la levure chimique et le sel. Ajoutez suffisamment de lait pour obtenir une consistance lisse, puis ajoutez les cerises et les noix. Verser dans un plat allant au four à micro-ondes de 900 g beurré et fariné et saupoudrer de sucre. Cuire au micro-ondes à puissance élevée pendant 7 minutes. Laisser reposer 5 minutes puis démouler sur une grille pour finir de refroidir.

Gâteau au chocolat au micro-ondes

Donne un gâteau de 18 cm/7 pouces

8 oz/225 g/1 tasse de beurre ou de margarine, ramolli

6 oz/175 g/¾ tasse de sucre en poudre (superfin)

1 ¼ tasse/5 oz/150 g de farine auto-levante

2 oz/50 g/¼ tasse de poudre de cacao (chocolat non sucré)

5 ml/1 cuillère à café de levure chimique

3 œufs battus

45 ml/3 cuillères à soupe de lait

Mélangez tous les ingrédients ensemble et placez-les dans un plat allant au micro-ondes graissé et tapissé de 18 cm. Cuire au micro-ondes à puissance élevée pendant 9 minutes jusqu'à consistance ferme au toucher. Laisser refroidir dans le moule pendant 5 minutes, puis démouler sur une grille pour terminer le refroidissement.

Gâteau au chocolat aux amandes au micro-ondes

Donne un gâteau de 20 cm/8 pouces

Pour le gâteau :

100 g/4 oz/½ tasse de beurre ou de margarine, ramolli

100 g/4 oz/½ tasse de sucre en poudre (superfin)

2 oeufs, légèrement battus

4 oz/100 g/1 tasse de farine auto-levante

2 oz/50 g/½ tasse de poudre de cacao (chocolat non sucré)

2 oz/50 g/½ tasse d'amandes moulues

150 ml/¼ pt/2/3 tasse de lait

60 ml/4 cuillères à soupe de sirop doré (maïs clair)

Pour le glaçage (glaçage) :

4 oz/100 g/1 tasse de chocolat nature (mi-sucré)

1 oz/25 g/2 cuillères à soupe de beurre ou de margarine

8 amandes entières

Pour faire le gâteau, crémez le beurre ou la margarine et le sucre jusqu'à consistance légère et mousseuse. Ajouter progressivement les œufs, puis ajouter la farine et le cacao, puis la poudre d'amandes. Ajouter le lait et le sirop et battre jusqu'à consistance lisse et lisse. Verser dans une assiette allant au micro-ondes de 20 cm / 8 pouces recouverte d'un film alimentaire (pellicule plastique) et cuire au micro-ondes à puissance élevée pendant 4 minutes. Retirer du four, couvrir le dessus de papier d'aluminium et laisser refroidir légèrement, puis démouler sur une grille pour terminer le refroidissement.

Pour faire le glaçage, faire fondre le chocolat et le beurre ou la margarine à feu vif pendant 2 minutes. Frappez bien. Tremper la moitié des amandes dans le chocolat et les laisser reposer sur un papier cuisson (ciré). Versez le glaçage restant sur le gâteau et étalez-le sur le dessus et sur les côtés. Décorer d'amandes et laisser prendre.

Brownies double chocolat au micro-ondes

il y a 8 ans

1¼ tasse/5 oz/150 g de chocolat nature (mi-sucré), haché grossièrement

3 oz/75 g/1/3 tasse de beurre ou de margarine

6 oz/175 g/¾ tasse de cassonade douce

2 oeufs, légèrement battus

1¼ tasse/5 oz/150 g de farine ordinaire (tout usage)

2,5 ml/½ cuillère à café de levure chimique

2,5 ml/½ cuillère à café d'essence de vanille (extrait)

30 ml/2 cuillères à soupe de lait

Faire fondre 2 oz/50 g/½ tasse de chocolat avec le beurre ou la margarine à feu vif pendant 2 minutes. Ajouter le sucre et les œufs, puis ajouter la farine, la levure chimique, l'essence de vanille et le lait jusqu'à consistance lisse. Verser dans un plat carré graissé de 20 cm/8 po pour micro-ondes et cuire au micro-ondes à puissance élevée pendant 7 minutes. Laisser refroidir sur la plaque pendant 10 minutes. Faites fondre le reste du chocolat à feu vif pendant 1 minute, puis étalez-le sur le dessus du gâteau et laissez-le refroidir. Couper en carrés.

Barres de chocolat aux dattes pour micro-ondes

il y a 8 ans

50 g/2 oz/1/3 tasse de dattes dénoyautées (dénoyautées), hachées

60 ml/4 cuillères à soupe d'eau bouillante

2½ oz/65 g/1/3 tasse de beurre ou de margarine, ramolli

8 oz/225 g/1 tasse de sucre en poudre (superfin)

1 oeuf

1 tasse/4 oz/100 g de farine ordinaire (tout usage)

10 ml/2 cuillères à café de poudre de cacao (chocolat non sucré)

2,5 ml/½ cuillère à café de levure chimique

Une pincée de sel

¼ tasse/1 oz/25 g de noix mélangées hachées

4 oz/100 g/1 tasse de chocolat nature (mi-sucré), haché finement

Mélanger les dattes avec l'eau bouillante et laisser reposer jusqu'à refroidissement. Battre le beurre ou la margarine avec la moitié du sucre jusqu'à consistance légère et mousseuse. Ajouter progressivement l'oeuf, puis ajouter en alternance la farine, le cacao, la levure chimique et le mélange sel et dattes. Verser dans un moule carré graissé et fariné pour micro-ondes de 20 cm. Mélangez le reste du sucre avec les noix et le chocolat et saupoudrez dessus en appuyant légèrement. Cuire au micro-ondes à puissance élevée pendant 8 minutes. Laisser refroidir dans le moule avant de couper en carrés.

Carrés de chocolat au micro-ondes

il y a 16 ans

Pour le gâteau :
2 oz/50 g/¼ tasse de beurre ou de margarine

5 ml/1 cuillère à café de sucre en poudre (superfin)

¾ tasse/3 oz/75 g de farine ordinaire (tout usage)

1 jaune d'oeuf

15 ml/1 cuillère à soupe d'eau

175 g/6 oz/1½ tasse de chocolat nature (mi-sucré), râpé ou finement haché

Pour la couverture :
50 g/2 oz/¼ tasse de beurre ou de margarine

2 oz/50 g/¼ tasse de sucre en poudre (superfin)

1 oeuf

2,5 ml/½ cuillère à café d'essence de vanille (extrait)

4 oz/100 g/1 tasse de noix hachées

Pour faire le gâteau, ramollir le beurre ou la margarine et ajouter le sucre, la farine, le jaune d'œuf et l'eau. Répartir le mélange uniformément dans un plat carré de 8 pouces/20 cm allant au micro-ondes et cuire au micro-ondes à puissance élevée pendant 2 minutes. Saupoudrer de chocolat et cuire au micro-ondes à puissance élevée pendant 1 minute. Répartir uniformément sur la base et laisser durcir.

Pour faire la garniture, passez le beurre ou la margarine au micro-ondes à puissance élevée pendant 30 secondes. Ajouter le reste des ingrédients de la garniture et répartir sur le chocolat. Micro-ondes à puissance élevée pendant 5 minutes. Laisser refroidir, puis couper en carrés.

Gâteau au café rapide au micro-ondes

Donne un gâteau de 19 cm/7 pouces

Pour le gâteau :

8 oz/225 g/1 tasse de beurre ou de margarine, ramolli

8 oz/225 g/1 tasse de sucre en poudre (superfin)

8 oz/225 g/2 tasses de farine auto-levante

5 oeufs

45 ml/3 cuillères à soupe d'essence de café (extrait)

Pour le glaçage (glaçage) :

30 ml/2 cuillères à soupe d'essence de café (extrait)

6 oz/175 g/¾ tasse de beurre ou de margarine

Sucre glace (glaçage), tamisé

Moitiés de noix pour décorer

Mélanger tous les ingrédients du gâteau jusqu'à ce qu'ils soient bien mélangés. Répartir entre deux moules à gâteau micro-ondes de 7 pouces/19 cm et cuire chacun à feu vif pendant 5 à 6 minutes. Retirer du micro-ondes et laisser refroidir.

Mélanger les ingrédients du glaçage, sucrer au goût avec du sucre glace. Une fois refroidis, placez les gâteaux en sandwich avec la moitié du glaçage et étalez le reste sur le dessus. Décorer avec des moitiés de noix.

Gâteau de Noël au micro-ondes

Donne un gâteau de 23 cm/9 pouces

5 oz/150 g/2/3 tasse de beurre ou de margarine, ramolli

5 oz/150 g/2/3 tasse de cassonade douce

3 oeufs

30 ml/2 cuillères à soupe de mélasse noire (mélasse)

8 oz/225 g/2 tasses de farine auto-levante

10 ml/2 cuillères à café d'épices mélangées moulues (tarte aux pommes)

2,5 ml/½ cuillère à café de muscade râpée

2,5 ml/½ cuillère à café de bicarbonate de soude (bicarbonate de sodium)

1 lb/450 g/22/3 tasses de fruits séchés mélangés (mélange pour gâteau aux fruits)

2 oz/50 g/¼ tasse de cerises glacées (confites)

1/3 tasse/2 oz/50 g de croûte mixte hachée

2 oz/50 g/½ tasse de noix mélangées hachées

30 ml/2 cuillères à soupe de cognac

Brandy supplémentaire pour faire mûrir le gâteau (facultatif)

Crémer le beurre ou la margarine et le sucre jusqu'à consistance légère et mousseuse. Ajouter graduellement les œufs et la mélasse, puis ajouter la farine, les épices et le bicarbonate de soude. Incorporer délicatement les fruits, les écorces mélangées et les noix, puis ajouter le cognac. Verser dans une assiette à micro-ondes de 23 cm / 9 pouces tapissée de base et cuire au micro-ondes à basse température pendant 45 à 60 minutes. Laisser refroidir dans le moule pendant 15 minutes avant de démouler sur une grille pour terminer le refroidissement.

Une fois refroidi, enveloppez le gâteau dans du papier d'aluminium et conservez-le dans un endroit frais et sombre pendant 2 semaines. Si vous le souhaitez, percez plusieurs fois le dessus du gâteau avec une fine brochette et saupoudrez d'un peu plus de brandy, puis réemballez et conservez le gâteau. Vous pouvez le faire plusieurs fois pour créer un gâteau plus riche.

gâteau aux miettes au micro-ondes

Donne un gâteau de 20 cm/8 pouces

10 oz/300 g/1¼ tasse de sucre en poudre (superfin)

8 oz/2 tasses/225 g de farine ordinaire (tout usage)

10 ml/2 cuillères à café de levure chimique

5 ml/1 cuillère à café de cannelle moulue

100 g/4 oz/½ tasse de beurre ou de margarine, ramolli

2 oeufs, légèrement battus

100 ml/3½ fl oz/6½ cuillères à soupe de lait

Mélanger le sucre, la farine, la levure chimique et la cannelle. Incorporer le beurre ou la margarine, puis réserver un quart du mélange. Mélanger les œufs et le lait et battre dans la plus grande partie du mélange à gâteau. Verser le mélange dans un plat micro-ondable graissé et fariné de 20 cm et saupoudrer du mélange de crumble réservé. Micro-ondes à puissance élevée pendant 10 minutes. Laisser refroidir sur la plaque.

Barres aux dattes pour micro-ondes

il y a 12 ans

1 ¼ tasse/5 oz/150 g de farine auto-levante

6 oz/175 g/¾ tasse de sucre en poudre (superfin)

4 oz/100 g/1 tasse de noix de coco râpée (râpée)

100 g/4 oz/2/3 tasses de dattes dénoyautées (dénoyautées), hachées

2 oz/50 g/½ tasse de noix mélangées hachées

100 g/4 oz/½ tasse de beurre ou de margarine, fondu

1 oeuf, légèrement battu

Sucre glace (glaçage) pour saupoudrer

Mélanger les ingrédients secs. Ajouter le beurre ou la margarine et l'œuf et mélanger jusqu'à l'obtention d'une pâte ferme. Presser au fond d'une assiette carrée de 8 pouces/20 cm pour micro-ondes et cuire au micro-ondes à puissance moyenne pendant 8 minutes jusqu'à ce que le tout soit pris. Laisser dans le plat 10 minutes, puis couper en barres et démouler sur une grille pour finir de refroidir.

Pain aux figues micro-ondes

Donne un pain de 1½ lb/675 g

4 oz/100 g/2 tasses de son

2 oz/50 g/¼ tasse de cassonade douce

45 ml/3 cuillères à soupe de miel léger

4 oz/100 g/2/3 tasse de figues sèches hachées

2 oz/50 g/½ tasse de noisettes hachées

300 ml/½ pt/1¼ tasse de lait

4 oz/100 g/1 tasse de farine de blé entier (blé entier)

10 ml/2 cuillères à café de levure chimique

Une pincée de sel

Mélanger tous les ingrédients jusqu'à obtenir une pâte ferme. Former un moule à pain micro-ondable et niveler la surface. Cuire à feu vif pendant 7 minutes. Laisser refroidir dans le moule pendant 10 minutes, puis démouler sur une grille pour terminer le refroidissement.

crêpes au micro-ondes

il y a 24 ans

¾ tasse/6 oz/175 g de beurre ou de margarine, ramolli

2 oz/50 g/¼ tasse de sucre en poudre (superfin)

2 oz/50 g/¼ tasse de cassonade douce

90 ml/6 cuillères à soupe de sirop doré (maïs clair)

Une pincée de sel

275 g/10 oz/2½ tasses de flocons d'avoine

Mélanger le beurre ou la margarine et les sucres dans un grand bol et cuire à feu vif pendant 1 minute. Ajouter le reste des ingrédients et bien mélanger. Verser le mélange dans un plat graissé de 18 cm allant au micro-ondes et presser légèrement. Cuire à feu vif pendant 5 minutes. Laisser refroidir un peu, puis couper en carrés.

Tarte aux fruits au micro-ondes

Donne un gâteau de 18 cm/7 pouces

¾ tasse/6 oz/175 g de beurre ou de margarine, ramolli

6 oz/175 g/¾ tasse de sucre en poudre (superfin)

le zeste râpé de 1 citron

3 œufs battus

8 oz/2 tasses/225 g de farine ordinaire (tout usage)

5 ml / 1 c. à thé d'épices mélangées moulues (tarte aux pommes)

8 oz/11/3 tasses/225 g de raisins secs

225g/8oz/11/3 tasses de raisins secs (raisins dorés)

2 oz/50 g/¼ tasse de cerises glacées (confites)

2 oz/50 g/½ tasse de noix mélangées hachées

15 ml/1 cuillère à soupe de sirop doré (maïs clair)

45 ml/3 cuillères à soupe de cognac

Crémer le beurre ou la margarine et le sucre jusqu'à consistance légère et mousseuse. Incorporer le zeste de citron, puis incorporer progressivement les œufs. Ajouter la farine et les épices mélangées, puis incorporer le reste des ingrédients. Verser dans un plat rond graissé et tapissé de 18 cm / 7 pouces allant au micro-ondes et cuire au micro-ondes à basse température pendant 35 minutes jusqu'à ce qu'un cure-dent inséré au centre en ressorte propre. Laisser refroidir dans le moule pendant 10 minutes, puis démouler sur une grille pour terminer le refroidissement.

Carrés aux fruits et à la noix de coco au micro-ondes

il y a 8 ans

2 oz/50 g/¼ tasse de beurre ou de margarine

9 biscuits digestifs (graham crackers), écrasés

2 oz/50 g/½ tasse de noix de coco râpée (râpée)

4 oz/100 g/2/3 tasse de zeste mélangé (confit) haché

50 g/2 oz/1/3 tasse de dattes dénoyautées (dénoyautées), hachées

15 ml/1 cuillère à soupe de farine ordinaire (tout usage)

1 oz/25 g/2 cuillères à soupe de cerises glacées (confites), hachées

4 oz/100 g/1 tasse de noix hachées

150 ml/¼ pt/2/3 tasse de lait concentré

Faire fondre le beurre ou la margarine dans un plat carré de 8 pouces/20 cm allant au micro-ondes à feu vif pendant 40 secondes. Ajouter les miettes de biscuits et répartir uniformément au fond du plat. Saupoudrer de noix de coco, puis de peau mixte. Mélanger les dattes avec la farine, les cerises et les noix et saupoudrer dessus, puis verser sur le lait. Cuire au micro-ondes à puissance élevée pendant 8 minutes. Laisser refroidir sur la plaque, puis couper en carrés.

Gâteau au fudge au micro-ondes

Donne un gâteau de 20 cm/8 pouces

1¼ tasse/5 oz/150 g de farine ordinaire (tout usage)

5 ml/1 cuillère à café de levure chimique

Une pincée de bicarbonate de soude (bicarbonate de soude)

Une pincée de sel

10 oz/300 g/1¼ tasse de sucre en poudre (superfin)

2 oz/50 g/¼ tasse de beurre ou de margarine, ramolli

250 ml/8 oz/1 tasse de lait

Quelques gouttes d'essence de vanille (extrait)

1 oeuf

4 oz/100 g/1 tasse de chocolat nature (mi-sucré), haché

50 g/2 oz/½ tasse de noix mélangées hachées

Glaçage au beurre de chocolat

Mélanger la farine, la levure chimique, le bicarbonate de soude et le sel. Ajouter le sucre, puis ajouter le beurre ou la margarine, le lait et l'essence de vanille jusqu'à consistance lisse. Battre l'œuf. Chauffer les trois quarts du chocolat au micro-ondes à puissance élevée pendant 2 minutes jusqu'à ce qu'il fonde, puis incorporer au mélange à gâteau jusqu'à consistance crémeuse. Ajouter les noix. Versez le mélange dans deux plats micro-ondes 8/20 cm graissés et farinés et passez-les au micro-ondes séparément pendant 8 minutes. Sortir du four, couvrir de papier d'aluminium et laisser refroidir 10 minutes, puis démouler sur une grille pour terminer le refroidissement. Sandwichez avec la moitié du glaçage au beurre (glaçage), puis étalez le reste du glaçage sur le dessus et décorez avec le chocolat réservé.

Pain d'épice au micro-ondes

Donne un gâteau de 20 cm/8 pouces

2 oz/50 g/¼ tasse de beurre ou de margarine

3 oz/75 g/¼ tasse de mélasse verte (mélasse)

15 ml/1 cuillère à soupe de sucre en poudre (superfin)

1 tasse/4 oz/100 g de farine ordinaire (tout usage)

5 ml/1 cuillère à café de gingembre moulu

2,5 ml/½ cc d'épices mélangées moulues (tarte aux pommes)

2,5 ml/½ cuillère à café de bicarbonate de soude (bicarbonate de sodium)

1 œuf battu

Placer le beurre ou la margarine dans un bol et cuire au micro-ondes à puissance élevée pendant 30 secondes. Ajouter la mélasse et le sucre et cuire au micro-ondes à puissance élevée pendant 1 minute. Ajouter la farine, les épices et le bicarbonate de soude. Battre l'œuf. Verser le mélange dans un plat graissé de 1,5 litre/2½ pintes/6 tasses et cuire au micro-ondes à puissance élevée pendant 4 minutes. Laisser refroidir sur la plaque pendant 5 minutes, puis démouler sur une grille pour terminer le refroidissement.

Barres de gingembre au micro-ondes

il y a 12 ans

Pour le gâteau :

5 oz/150 g/2/3 tasse de beurre ou de margarine, ramolli

2 oz/50 g/¼ tasse de sucre en poudre (superfin)

1 tasse/4 oz/100 g de farine ordinaire (tout usage)

2,5 ml/½ cuillère à café de levure chimique

5 ml/1 cuillère à café de gingembre moulu

Pour la couverture :

½ oz/15 g/1 cuillère à soupe de beurre ou de margarine

15 ml/1 cuillère à soupe de sirop doré (maïs clair)

Quelques gouttes d'essence de vanille (extrait)

5 ml/1 cuillère à café de gingembre moulu

50g/2oz/1/3 tasse de sucre glace (glaçage)

Pour faire le gâteau, crémez le beurre ou la margarine et le sucre jusqu'à consistance légère et mousseuse. Ajouter la farine, la poudre à pâte et le gingembre et mélanger jusqu'à consistance lisse. Presser dans une assiette carrée de 8 pouces/20 cm pour micro-ondes et cuire au micro-ondes à puissance moyenne pendant 6 minutes jusqu'à ce que le tout soit pris.

Pour faire la garniture, faire fondre le beurre ou la margarine et le sirop. Ajouter l'essence de vanille, le gingembre et le sucre glace et battre jusqu'à épaississement. Répartir uniformément sur le gâteau chaud. Laisser refroidir sur la plaque, puis couper en barres ou en carrés.

Gâteau doré au micro-ondes

Donne un gâteau de 20 cm/8 pouces

Pour le gâteau :

100 g/4 oz/½ tasse de beurre ou de margarine, ramolli

100 g/4 oz/½ tasse de sucre en poudre (superfin)

2 oeufs, légèrement battus

Quelques gouttes d'essence de vanille (extrait)

8 oz/2 tasses/225 g de farine ordinaire (tout usage)

10 ml/2 cuillères à café de levure chimique

Une pincée de sel

60 ml/4 cuillères à soupe de lait

Pour le glaçage (glaçage) :

2 oz/50 g/¼ tasse de beurre ou de margarine, ramolli

4 oz/100 g/2/3 tasse de sucre à glacer

Quelques gouttes d'essence de vanille (extrait) (facultatif)

Pour faire le gâteau, crémez le beurre ou la margarine et le sucre jusqu'à consistance légère et mousseuse. Incorporer les œufs petit à petit, puis ajouter la farine, la levure chimique et le sel. Ajouter suffisamment de lait pour lui donner une consistance lisse et liquide. Répartir dans deux assiettes micro-ondes de 8/20 cm graissées et farinées et cuire chaque gâteau séparément à feu vif pendant 6 minutes. Retirer du four, couvrir de papier d'aluminium et laisser refroidir pendant 5 minutes, puis démouler sur une grille pour terminer le refroidissement.

Pour faire le glaçage, battre le beurre ou la margarine jusqu'à consistance lisse, puis ajouter le sucre glace et l'essence de vanille, si désiré. Même les gâteaux avec la moitié du glaçage, puis étalez le reste sur le dessus.

Gâteau au miel et aux noisettes au micro-ondes

Donne un gâteau de 18 cm/7 pouces

5 oz/150 g/2/3 tasse de beurre ou de margarine, ramolli

100 g/4 oz/½ tasse de cassonade douce

45 ml/3 cuillères à soupe de miel léger

3 œufs battus

8 oz/225 g/2 tasses de farine auto-levante

4 oz/100 g/1 tasse de noisettes moulues

45 ml/3 cuillères à soupe de lait

glaçage au beurre

Crémer le beurre ou la margarine, le sucre et le miel jusqu'à consistance légère et mousseuse. Ajouter progressivement les œufs, puis ajouter la farine et les noisettes et suffisamment de lait pour lui donner une consistance lisse. Verser dans un plat de 18 cm allant au micro-ondes et cuire à feu moyen pendant 7 minutes. Laisser refroidir dans le moule pendant 5 minutes, puis démouler sur une grille pour terminer le refroidissement. Coupez le gâteau en deux horizontalement, puis faites un sandwich avec un glaçage au beurre (glaçage).

Barres de muesli tendres allant au micro-ondes

il y a environ 10 ans

100 g/4 oz/½ tasse de beurre ou de margarine

175 g/6 oz/½ tasse de miel léger

1/3 tasse/2 oz/50 g d'abricots secs prêts-à-manger, hachés

50 g/2 oz/1/3 tasse de dattes dénoyautées (dénoyautées), hachées

3 oz/75 g/¾ tasse de noix mélangées hachées

4 oz/100 g/1 tasse de flocons d'avoine

100 g/4 oz/½ tasse de cassonade douce

1 œuf battu

1 oz/25 g/2 cuillères à soupe de farine auto-levante

Mettre le beurre ou la margarine et le miel dans un bol et cuire à feu vif pendant 2 minutes. Mélanger tous les ingrédients restants. Verser dans un plat allant au four à micro-ondes de 8 pouces / 20 cm et cuire au micro-ondes à puissance élevée pendant 8 minutes. Laisser refroidir un peu, puis couper en carrés ou en tranches.

Gâteau aux pacanes au micro-ondes

Donne un gâteau de 20 cm/8 pouces

1¼ tasse/5 oz/150 g de farine ordinaire (tout usage)

Une pincée de sel

5 ml/1 cuillère à café de cannelle moulue

3 oz/75 g/1/3 tasse de cassonade douce

3 oz/75 g/1/3 tasse de sucre en poudre (superfin)

75 ml/5 cuillères à soupe d'huile

¼ tasse/1 oz/25 g de noix hachées

5 ml/1 cuillère à café de levure chimique

2,5 ml/½ cuillère à café de bicarbonate de soude (bicarbonate de sodium)

1 oeuf

150 ml/¼ pt/2/3 tasse de lait aigre

Mélanger la farine, le sel et la moitié de la cannelle. Ajouter les sucres, puis incorporer l'huile jusqu'à ce qu'ils soient bien mélangés. Retirez 6 cuillères à soupe/90 ml du mélange et mélangez-le au reste des noix et de la cannelle. Ajouter la poudre à pâte, le bicarbonate de soude, l'œuf et le lait à la majeure partie du mélange et battre jusqu'à consistance lisse. Verser le mélange principal dans un plat micro-ondable graissé et fariné de 20 cm/8 pouces et saupoudrer le mélange de noix sur le dessus. Cuire au micro-ondes à puissance élevée pendant 8 minutes. Laisser refroidir dans le moule pendant 10 minutes et servir tiède.

Gâteau au jus d'orange au micro-ondes

Donne un gâteau de 20 cm/8 pouces

2¼ tasses/9 oz/250 g de farine ordinaire (tout usage)

8 oz/225 g/1 tasse de sucre cristallisé

15 ml/1 cuillère à soupe de levure chimique

2,5 ml/½ cuillère à café de sel

60 ml/4 cuillères à soupe d'huile

250 ml/8 oz/2 tasses de jus d'orange

2 œufs, séparés

100 g/4 oz/½ tasse de sucre en poudre (superfin)

Glaçage au beurre d'orange

glaçage orange

Mélanger la farine, le sucre cristallisé, la poudre à pâte, le sel, l'huile et la moitié du jus d'orange et battre jusqu'à ce que le tout soit bien mélangé. Battre les jaunes d'œufs et le jus d'orange restant jusqu'à consistance légère et lisse. Battre les blancs d'œufs en neige ferme, puis ajouter la moitié du sucre à glacer et battre jusqu'à ce qu'ils soient épais et brillants. Ajouter le sucre restant, puis incorporer les blancs d'œufs au mélange à gâteau. Servir dans deux assiettes micro-ondables graissées et farinées de 8/20 cm et chauffer chacune séparément à feu vif pendant 6 à 8 minutes. Retirer du four, couvrir de papier d'aluminium et laisser refroidir pendant 5 minutes, puis démouler sur une grille pour terminer le refroidissement.

pavlovas au micro-ondes

Donne un gâteau de 23 cm/9 pouces

4 blancs d'œufs

8 oz/225 g/1 tasse de sucre en poudre (superfin)

2,5 ml/½ cuillère à café d'essence de vanille (extrait)

Quelques gouttes de vinaigre de vin

150 ml/¼ pt/2/3 tasse de crème fouettée

1 kiwi, tranché

4 oz/100 g de fraises, tranchées

Battre les blancs d'œufs jusqu'à ce qu'ils forment des pics mous. Saupoudrer la moitié du sucre et bien battre. Ajouter progressivement le reste du sucre, l'essence de vanille et le vinaigre et battre jusqu'à dissolution. Verser le mélange en un cercle de 9/23 cm sur une feuille de papier sulfurisé. Cuire au micro-ondes à puissance élevée pendant 2 minutes. Laisser reposer au micro-ondes avec la porte ouverte pendant 10 minutes. A la sortie du four, retirer le papier protecteur et laisser refroidir. Fouettez la crème jusqu'à consistance ferme et étalez-la sur la meringue. Disposez joliment les fruits sur le dessus.

gâteau au micro-ondes

Donne un gâteau de 20 cm/8 pouces

8 oz/2 tasses/225 g de farine ordinaire (tout usage)

15 ml/1 cuillère à soupe de levure chimique

2 oz/50 g/¼ tasse de sucre en poudre (superfin)

100 g/4 oz/½ tasse de beurre ou de margarine

75 ml/5 cuillères à soupe de crème liquide (légère)

1 oeuf

Mélanger la farine, la levure chimique et le sucre, puis incorporer le beurre ou la margarine jusqu'à ce que le mélange ressemble à de la chapelure. Mélanger la crème et l'œuf, puis incorporer le mélange de farine jusqu'à consistance lisse. Presser dans un plat graissé de 20 cm allant au micro-ondes et cuire au micro-ondes à puissance élevée pendant 6 minutes. Laisser reposer 4 minutes, puis démouler et finir de refroidir sur une grille.

Shortcake aux fraises au micro-ondes

Donne un gâteau de 20 cm/8 pouces

2 lb/900 g de fraises, coupées en tranches épaisses

8 oz/225 g/1 tasse de sucre en poudre (superfin)

8 oz/2 tasses/225 g de farine ordinaire (tout usage)

15 ml/1 cuillère à soupe de levure chimique

6 oz/175 g/¾ tasse de beurre ou de margarine

75 ml/5 cuillères à soupe de crème liquide (légère)

1 oeuf

150 ml/¼ pt/2/3 tasse de crème double (épaisse), fouettée

Mélanger les fraises avec 175 g/6 oz/¾ tasse de sucre, puis réfrigérer au moins 1 heure.

Mélanger la farine, la levure chimique et le reste du sucre, puis les frotter avec 100 g/4 oz/½ tasse de beurre ou de margarine jusqu'à ce que le mélange ressemble à de la chapelure. Mélanger la crème et l'œuf, puis incorporer le mélange de farine jusqu'à l'obtention d'une pâte lisse. Presser dans un plat graissé de 20 cm allant au micro-ondes et cuire au micro-ondes à puissance élevée pendant 6 minutes. Laisser reposer 4 minutes, puis démouler et fendre le centre pendant qu'il est encore chaud. Laisser refroidir.

Tartiner les deux surfaces coupées avec le reste du beurre ou de la margarine. Étendre un tiers de la crème fouettée sur la base, puis garnir des trois quarts des fraises. Recouvrez d'un tiers de crème supplémentaire, puis placez le deuxième gâteau par-dessus. Garnir avec la crème restante et les fraises.

Gâteau au micro-ondes

Donne un gâteau de 18 cm/7 pouces

1 ¼ tasse/5 oz/150 g de farine auto-levante

100 g/4 oz/½ tasse de beurre ou de margarine

100 g/4 oz/½ tasse de sucre en poudre (superfin)

2 oeufs

30 ml/2 cuillères à soupe de lait

Battre tous les ingrédients jusqu'à consistance lisse. À l'aide d'une cuillère, placez sur une assiette micro-ondes de 7/18 cm tapissée de base et passez au micro-ondes à puissance moyenne pendant 6 minutes. Laisser refroidir dans le moule pendant 5 minutes, puis démouler sur une grille pour terminer le refroidissement.

Barres micro-ondes Sultana

il y a 12 ans

6 oz/175 g/¾ tasse de beurre ou de margarine

100 g/4 oz/½ tasse de sucre en poudre (superfin)

15 ml/1 cuillère à soupe de sirop doré (maïs clair)

3 oz/75 g/½ tasse de raisins secs (raisins dorés)

5 ml/1 cuillère à café de zeste de citron râpé

8 oz/225 g/2 tasses de farine auto-levante

Pour le glaçage (glaçage) :
175g/6oz/1 tasse de sucre glace (glaçage)

30 ml/2 cuillères à soupe de jus de citron

Faire chauffer le beurre ou la margarine au micro-ondes, le sucre en poudre et le sirop à puissance moyenne pendant 2 minutes. Ajouter les raisins secs et le zeste de citron. Ajouter la farine. Verser dans un plat carré de 20 cm / 8 po graissé et tapissé allant au micro-ondes et cuire au micro-ondes à puissance moyenne pendant 8 minutes jusqu'à ce que le mélange soit pris. Refroidir légèrement.

Dans un bol on met le sucre glace et on fait un trou au centre. Incorporer progressivement le jus de citron pour obtenir un glaçage lisse. Étaler sur le gâteau encore chaud, puis laisser refroidir complètement.

Biscuits au chocolat au micro-ondes

il y a 24 ans

8 oz/225 g/1 tasse de beurre ou de margarine, ramolli

100g/4oz/½ tasse de cassonade foncée

5 ml/1 cuillère à café d'essence de vanille (extrait)

8 oz/225 g/2 tasses de farine auto-levante

50 g/2 oz/½ tasse de chocolat à boire en poudre

Battre le beurre, le sucre et l'essence de vanille jusqu'à consistance légère et mousseuse. Incorporer progressivement la farine et le chocolat et mélanger jusqu'à consistance lisse. Rouler en boules de la taille d'une noix, placer six à la fois sur une plaque à biscuits graissée allant au micro-ondes et aplatir légèrement avec une fourchette. Chauffez chaque lot au micro-ondes à puissance élevée pendant 2 minutes, jusqu'à ce que tous les biscuits soient cuits. Laisser refroidir sur une grille.

Biscuits à la noix de coco au micro-ondes

il y a 24 ans

2 oz/50 g/¼ tasse de beurre ou de margarine, ramolli

3 oz/75 g/1/3 tasse de sucre en poudre (superfin)

1 oeuf, légèrement battu

2,5 ml/½ cuillère à café d'essence de vanille (extrait)

¾ tasse/3 oz/75 g de farine ordinaire (tout usage)

¼ tasse/1 oz/25 g de noix de coco râpée (râpée)

Une pincée de sel

30 ml/2 cuillères à soupe de confiture de fraises (en conserve)

Crémer le beurre ou la margarine et le sucre jusqu'à consistance légère et mousseuse. Ajouter l'œuf et l'essence de vanille en alternance avec la farine, la noix de coco et le sel et mélanger jusqu'à consistance lisse. Rouler en boules de la taille d'une noix et en placer six à la fois sur une plaque à biscuits graissée allant au micro-ondes, puis appuyer légèrement avec une fourchette pour les aplatir légèrement. Cuire au micro-ondes à puissance élevée pendant 3 minutes jusqu'à consistance ferme. Transférer sur une grille et déposer une cuillère à soupe de confiture au centre de chaque biscuit. Répétez avec les biscuits restants.

Florentins au micro-ondes

il y a 12 ans

2 oz/50 g/¼ tasse de beurre ou de margarine

2 oz/50 g/¼ tasse de sucre demerara

15 ml/1 cuillère à soupe de sirop doré (maïs clair)

2 oz/50 g/¼ tasse de cerises glacées (confites)

3 oz/75 g/¾ tasse de noix hachées

1 oz/25 g/3 cuillères à soupe de raisins secs (raisins dorés)

¼ tasse/1 oz/25 g d'amandes effilées (tranchées)

30 ml/2 cuillères à soupe de zeste mixte haché (confit)

¼ tasse/1 oz/25 g de farine ordinaire (tout usage)

4 oz/100 g/1 tasse de chocolat nature (mi-sucré), haché (facultatif)

Faire chauffer le beurre ou la margarine, le sucre et le sirop au micro-ondes à puissance élevée pendant 1 minute jusqu'à ce qu'ils soient fondus. Ajouter les cerises, les noix, les raisins secs et les amandes, puis incorporer le zeste et la farine mélangés. Déposez des cuillères à café du mélange, bien espacées, sur du papier sulfurisé (ciré) et faites cuire quatre à la fois à feu vif pendant 1 ½ minute chaque lot. Lissez les bords avec un couteau, laissez refroidir sur le papier pendant 3 minutes, puis transférez sur une grille pour terminer le refroidissement. Répétez avec les biscuits restants. Si vous le souhaitez, faites fondre le chocolat dans un bol pendant 30 secondes et étalez-le sur un côté des florentins, puis laissez-le prendre.

Biscuits aux noisettes et aux cerises au micro-ondes

il y a 24 ans

100 g/4 oz/½ tasse de beurre ou de margarine, ramolli

100 g/4 oz/½ tasse de sucre en poudre (superfin)

1 œuf battu

1½ tasse/6 oz/175 g de farine ordinaire (tout usage)

2 oz/50 g/½ tasse de noisettes moulues

4 oz/100 g/½ tasse de cerises glacées (confites)

Crémer le beurre ou la margarine et le sucre jusqu'à consistance légère et mousseuse. Incorporer l'œuf petit à petit, puis ajouter la farine, les noisettes et les cerises. Déposer des cuillerées bien espacées sur des plaques à pâtisserie pour micro-ondes (biscuits) et cuire au micro-ondes huit biscuits (biscuits) à la fois à puissance élevée pendant environ 2 minutes jusqu'à ce qu'ils soient fermes.

Biscuits Sultana au micro-ondes

il y a 24 ans

8 oz/2 tasses/225 g de farine ordinaire (tout usage)

5 ml / 1 c. à thé d'épices mélangées moulues (tarte aux pommes)

¾ tasse/6 oz/175 g de beurre ou de margarine, ramolli

100g/4oz/2/3 tasse de raisins secs (raisins dorés)

¾ tasse/6 oz/175 g de sucre demerara

Mélangez la farine et les épices mélangées, puis mélangez le beurre ou la margarine, les raisins secs et 100 g/4 oz/½ tasse de sucre pour obtenir une pâte lisse. Rouler en deux boudins d'environ 18 cm de long et rouler dans le reste du sucre. Tranchez-les et placez-les six à la fois sur une plaque à biscuits graissée allant au micro-ondes et passez au micro-ondes à puissance élevée pendant 2 minutes. Laisser refroidir sur une grille et répéter avec le reste des biscuits (cookies).

Pain aux bananes au micro-ondes

Donne un pain de 1 lb/450g

3 oz/75 g/1/3 tasse de beurre ou de margarine, ramolli

6 oz/175 g/¾ tasse de sucre en poudre (superfin)

2 oeufs, légèrement battus

1¾ tasses/7 oz/200 g de farine ordinaire (tout usage)

10 ml/2 cuillères à café de levure chimique

2,5 ml/½ cuillère à café de bicarbonate de soude (bicarbonate de sodium)

Une pincée de sel

2 bananes mûres

15 ml/1 cuillère à soupe de jus de citron

60 ml/4 cuillères à soupe de lait

2 oz/50 g/½ tasse de noix hachées

Crémer le beurre ou la margarine et le sucre jusqu'à consistance légère et mousseuse. Ajouter progressivement les œufs, puis ajouter la farine, la levure chimique, le bicarbonate de soude et le sel. Écrasez les bananes avec le jus de citron, puis ajoutez-les au mélange avec le lait et les noix. Verser dans un moule à micro-ondes graissé et fariné de 450 g / 1 lb et cuire au micro-ondes à puissance élevée pendant 12 minutes. Sortir du four, couvrir de papier d'aluminium et laisser refroidir 10 minutes, puis démouler sur une grille pour terminer le refroidissement.

Pain au fromage micro-ondes

Donne un pain de 1 lb/450g

2 oz/50 g/¼ tasse de beurre ou de margarine

250 ml/8 oz/1 tasse de lait

2 oeufs, légèrement battus

8 oz/2 tasses/225 g de farine ordinaire (tout usage)

10 ml/2 cuillères à café de levure chimique

10 ml/2 cuillères à café de moutarde en poudre

2,5 ml/½ cuillère à café de sel

6 oz/175 g/1½ tasse de fromage cheddar, râpé

Faire fondre le beurre ou la margarine dans un petit bol à feu vif pendant 1 minute. Ajouter le lait et les œufs. Mélanger la farine, la poudre à pâte, la moutarde, le sel et 4 oz/1 tasse de fromage. Ajouter le mélange de lait jusqu'à ce qu'il soit bien mélangé. Verser dans un moule à pain allant au micro-ondes (poêle) et cuire au micro-ondes à puissance élevée pendant 9 minutes. Saupoudrer du reste de fromage, couvrir de papier d'aluminium et laisser reposer 20 minutes.

Pain aux noix au micro-ondes

Donne un pain de 1 lb/450g

8 oz/2 tasses/225 g de farine ordinaire (tout usage)

10 oz/300 g/1¼ tasse de sucre en poudre (superfin)

5 ml/1 cuillère à café de levure chimique

Une pincée de sel

100 g/4 oz/½ tasse de beurre ou de margarine, ramolli

150 ml/¼ pt/2/3 tasse de lait

2,5 ml/½ cuillère à café d'essence de vanille (extrait)

4 blancs d'œufs

2 oz/50 g/½ tasse de noix hachées

Mélanger la farine, le sucre, la levure chimique et le sel. Ajouter le beurre ou la margarine, puis le lait et l'essence de vanille. Battre les blancs d'œufs en neige jusqu'à ce qu'ils soient crémeux, puis incorporer les noix. Verser dans un moule à micro-ondes graissé et fariné de 450 g / 1 lb et cuire au micro-ondes à puissance élevée pendant 12 minutes. Sortir du four, couvrir de papier d'aluminium et laisser refroidir 10 minutes, puis démouler sur une grille pour terminer le refroidissement.

Gâteau Amaretti sans four

Donne un gâteau de 20 cm/8 pouces

100 g/4 oz/½ tasse de beurre ou de margarine

1½ tasse/6 oz/175 g de chocolat nature (mi-sucré)

3 oz/75 g de biscuits Amaretti (biscuits), grossièrement écrasés

1½ tasse/6 oz/175 g de noix hachées

50g/2oz/½ tasse de pignons de pin

3 oz/75 g/1/3 tasse de cerises glacées (confites), hachées

30 ml/2 cuillères à soupe de Grand Marnier

8 oz/225 g/1 tasse de fromage mascarpone

Faire fondre le beurre ou la margarine et le chocolat dans un bol résistant à la chaleur placé au-dessus d'une casserole d'eau frémissante. Retirer du feu et ajouter les biscuits, les noix et les cerises. Verser dans un moule à sandwich tapissé de film alimentaire (pellicule plastique) et presser légèrement. Réfrigérer pendant 1 heure jusqu'à ce que le tout soit pris. Mettre sur un plat de service et retirer le film transparent. Fouetter le Grand Marnier dans le Mascarpone et verser sur le fond.

Barres de riz américaines croustillantes

Donne environ 24 barres.

2 oz/50 g/¼ tasse de beurre ou de margarine

8 oz/225 g de guimauves blanches

5 ml/1 cuillère à café d'essence de vanille (extrait)

5 oz/150 g/5 tasses de céréales de riz soufflé

Faire fondre le beurre ou la margarine dans une grande poêle à feu doux. Ajouter les guimauves et cuire, en remuant continuellement, jusqu'à ce que les guimauves aient fondu et que le mélange ait une consistance sirupeuse. Retirer du feu et ajouter l'essence de vanille. Incorporer les céréales de riz jusqu'à ce qu'elles soient uniformément enrobées. Presser dans un moule carré de 9 pouces/23 cm et couper en barres. Laisser reposer.

carrés aux abricots

il y a 12 ans

2 oz/50 g/¼ tasse de beurre ou de margarine

6 oz/175 g/1 petite boîte de lait évaporé

15 ml/1 cuillère à soupe de miel léger

45 ml/3 cuillères à soupe de jus de pomme

2 oz/50 g/¼ tasse de cassonade douce

50g/2oz/1/3 tasse de raisins secs (raisins dorés)

8 oz/11/3 tasses/225 g d'abricots secs prêts-à-manger, hachés

4 oz/100 g/1 tasse de noix de coco râpée (râpée)

225g/8oz/2 tasses de flocons d'avoine

Faire fondre le beurre ou la margarine avec le lait, le miel, le jus de pomme et le sucre. Incorporer avec les ingrédients restants. Presser dans un moule graissé de 25 cm/12 po et réfrigérer avant de couper en carrés.

Gâteau roulé suisse aux abricots

Donne un gâteau de 23 cm/9 pouces

14 oz / 400 g / 1 grande boîte de moitiés d'abricots, égouttées et le jus réservé

2 oz/50 g/½ tasse de poudre à crème pâtissière

¼ tasse/3 oz/75 g de gelée d'abricot (conserve claire)

3 oz/75 g/½ tasse d'abricots secs prêts-à-manger, hachés

14 oz/400 g/1 grande boîte de lait concentré

8 oz/225 g/1 tasse de fromage cottage

45 ml/3 cuillères à soupe de jus de citron

1 rouleau suisse, tranché

Préparez le jus d'abricot avec de l'eau pour faire 500 ml/17 fl oz/2¼ tasses. Mélanger la poudre à crème anglaise en pâte avec un peu de liquide, puis faire bouillir le reste. Ajouter la crème pâtissière et la gelée d'abricot et laisser mijoter jusqu'à épaississement et frémissement, en remuant continuellement. Concassez les abricots en conserve et ajoutez-les au mélange avec les abricots secs. Laisser refroidir en remuant de temps en temps.

Fouetter le lait concentré, le fromage cottage et le jus de citron jusqu'à ce qu'ils soient bien mélangés, puis incorporer au mélange de gélatine. Tapisser un moule à gâteau de 9 pouces / 23 cm de film alimentaire (pellicule plastique) et placer les tranches de rouleau suisse (gelée) au fond et sur les côtés du moule. Verser le mélange à gâteau et réfrigérer jusqu'à ce qu'il soit pris. Démouler délicatement au moment de servir.

Gâteaux aux biscuits brisés

il y a 12 ans

100 g/4 oz/½ tasse de beurre ou de margarine

30 ml/2 cuillères à soupe de sucre glace (superfin)

15 ml/1 cuillère à soupe de sirop doré (maïs clair)

30 ml/2 cuillères à soupe de poudre de cacao (chocolat non sucré)

8 oz/225 g/2 tasses de chapelure de biscuits brisés

50g/2oz/1/3 tasse de raisins secs (raisins dorés)

Faire fondre le beurre ou la margarine avec le sucre et le sirop sans laisser bouillir. Ajouter le cacao, les biscuits et les raisins secs. Presser dans un plat allant au four graissé de 10/25 cm (plaque), laisser refroidir, puis réfrigérer jusqu'à consistance ferme. Couper en carrés.

Gâteau au babeurre sans cuisson

Donne un gâteau de 23 cm/9 pouces

30 ml/2 cuillères à soupe de poudre à crème pâtissière

100 g/4 oz/½ tasse de sucre en poudre (superfin)

450 ml/¾ pt/2 tasses de lait

175 ml/6 oz liq./¾ tasse de babeurre

1 oz/25 g/2 cuillères à soupe de beurre ou de margarine

400 g/12 oz de biscuits nature (biscuits), écrasés

120 ml/4 fl oz/½ tasse de crème fouettée

Mélanger la crème pâtissière et le sucre jusqu'à obtenir une pâte avec un peu de lait. Porter à ébullition le lait restant. Incorporez-le à la pâte, puis remettez le tout dans la casserole et remuez à feu doux pendant environ 5 minutes jusqu'à épaississement. Ajouter le babeurre et le beurre ou la margarine. À l'aide d'une cuillère, déposer les biscuits écrasés et le mélange de crème pâtissière dans une assiette à tarte de 9 pouces/23 cm recouverte d'une pellicule plastique ou d'une assiette en verre. Appuyez doucement et réfrigérez jusqu'à ce que le tout soit pris. Fouetter la crème jusqu'à ce qu'elle soit ferme, puis dresser des rosaces de crème sur le dessus du gâteau. Servir hors de l'assiette ou soulever délicatement pour servir.

tranche de châtaigne

Donne un pain de 900g/2lb

8 oz/225 g/2 tasses de chocolat nature (mi-sucré)

100 g/4 oz/½ tasse de beurre ou de margarine, ramolli

100 g/4 oz/½ tasse de sucre en poudre (superfin)

1 lb/450g/1 grande boîte de purée de marrons non sucrée

1 oz/¼ tasse/25 g de farine de riz

Quelques gouttes d'essence de vanille (extrait)

150 ml/¼ pt/2/3 tasse de crème à fouetter épaisse, fouettée

Chocolat râpé pour décorer

Faire fondre le chocolat noir dans un bol résistant à la chaleur au-dessus d'une casserole d'eau frémissante. Crémer le beurre ou la margarine et le sucre jusqu'à consistance légère et mousseuse. Ajouter la purée de marrons, le chocolat, la farine de riz et l'essence de vanille. Mettre dans un moule à pain de 900 g/2 lb graissé et tapissé et réfrigérer jusqu'à ce qu'il soit ferme. Garnir de chantilly et de chocolat râpé avant de servir.

gâteau aux châtaignes

Donne un gâteau de 2 lb/900 g

Pour le gâteau :

400g/14oz/1 grande boîte de purée de marrons sucrée

100 g/4 oz/½ tasse de beurre ou de margarine, ramolli

1 oeuf

Quelques gouttes d'essence de vanille (extrait)

30 ml/2 cuillères à soupe de cognac

24 génoises (biscuits)

Pour le glaçage:

30 ml/2 cuillères à soupe de poudre de cacao (chocolat non sucré)

15 ml/1 cuillère à soupe de sucre en poudre (superfin)

30 ml/2 cuillères à soupe d'eau

Pour la crème au beurre :

100 g/4 oz/½ tasse de beurre ou de margarine, ramolli

4 oz/100 g/2/3 tasse de sucre glace (glaçage), tamisé

15 ml/1 cuillère à soupe d'essence de café (extrait)

Pour faire le gâteau, mélanger la purée de marrons, le beurre ou la margarine, l'œuf, l'essence de vanille et 15 ml/1 cuillère à soupe de cognac et battre jusqu'à consistance lisse. Graisser et tapisser un moule à pain de 2 lb / 900 g et tapisser le fond et les côtés avec les doigts du gâteau. Saupoudrez le reste de cognac sur les biscuits et versez le mélange de marrons au centre. Refroidir jusqu'à consistance ferme.

Retirer du moule et retirer le papier protecteur. Dissoudre les ingrédients du glaçage dans un bol résistant à la chaleur placé au-dessus d'une casserole d'eau frémissante, en remuant jusqu'à consistance lisse. Laisser refroidir légèrement, puis badigeonner la majeure partie du glaçage sur le dessus du gâteau. Battre les ingrédients de la crème au beurre jusqu'à consistance lisse, puis tourbillonner autour du bord du gâteau. Arroser du glaçage réservé pour terminer.

Barres au chocolat et aux amandes

il y a 12 ans

1½ tasse/6 oz/175 g de chocolat nature (mi-sucré), haché

3 œufs, séparés

120 ml/4 oz/½ tasse de lait

10 ml/2 cuillères à café de gélatine en poudre

120 ml/4 fl oz/½ tasse de crème double (épaisse)

45 ml/3 cuillères à soupe de sucre en poudre (superfin)

60 ml/4 cuillères à soupe d'amandes effilées (tranchées), grillées

Faire fondre le chocolat dans un bol résistant à la chaleur placé au-dessus d'une casserole d'eau frémissante. Retirer du feu et incorporer les jaunes d'œufs. Faire bouillir le lait dans une casserole à part, puis battre la gélatine. Incorporer le mélange au chocolat, puis ajouter la crème. Battez les blancs d'œufs en neige, puis ajoutez le sucre et battez à nouveau jusqu'à ce qu'ils soient fermes et brillants. Incorporer au mélange. Verser dans un moule à pain de 450 g / 1 lb graissé et tapissé, saupoudrer d'amandes grillées et laisser refroidir, puis réfrigérer pendant au moins 3 heures jusqu'à ce qu'il soit pris. Retourner et couper en tranches épaisses pour servir.

Gâteau au chocolat croustillant

Donne un pain de 1 lb/450g

5 oz/150 g/2/3 tasse de beurre ou de margarine

30 ml/2 cuillères à soupe de sirop doré (maïs clair)

1½ tasses/6 oz/175 g de miettes de craquelins digestifs (biscuits Graham)

2 oz/50 g/2 tasses de céréales de riz soufflé

1 oz/25 g/3 cuillères à soupe de raisins secs (raisins dorés)

1 oz/25 g/2 cuillères à soupe de cerises glacées (confites), hachées

8 oz/2 tasses/225 g de pépites de chocolat

30 ml/2 cuillères à soupe d'eau

6 oz/175 g/1 tasse de sucre glace, tamisé

Faites fondre 100 g de beurre ou de margarine avec le sirop, puis retirez du feu et ajoutez la chapelure de biscuits, les céréales, les raisins secs, les cerises et les trois quarts des pépites de chocolat. Verser dans un moule à pain de 450 g/1 lb graissé et tapissé et lisser le dessus. Refroidir jusqu'à consistance ferme. Faire fondre le reste du beurre ou de la margarine avec le reste du chocolat et de l'eau. Ajouter le sucre glace et mélanger jusqu'à consistance lisse. Retirez le gâteau du moule et coupez-le en deux dans le sens de la longueur. Sandwichez la moitié du glaçage au chocolat (glaçage), disposez-le sur une assiette de service, puis versez-le sur le glaçage restant. Réfrigérer avant de servir.

Carrés aux miettes de chocolat

il y a environ 24 ans

8 oz/225 g Craquelins digestifs (Graham Crackers)

100 g/4 oz/½ tasse de beurre ou de margarine

1 oz/25 g/2 cuillères à soupe de sucre en poudre (superfin)

15 ml/1 cuillère à soupe de sirop doré (maïs clair)

45 ml/3 cuillères à soupe de poudre de cacao (chocolat non sucré)

200 g/7 oz/1¾ tasse de glaçage pour gâteau au chocolat

Placer les biscuits dans un sac en plastique et les écraser avec un rouleau à pâtisserie. Faire fondre le beurre ou la margarine dans une poêle, puis ajouter le sucre et le sirop. Retirer du feu et ajouter les miettes de biscuits et le cacao. Verser dans un moule à gâteau carré de 18 cm/7 graissé et chemisé et presser uniformément. Laisser refroidir, puis mettre au réfrigérateur jusqu'à ce qu'il soit pris.

Faire fondre le chocolat dans un bol résistant à la chaleur placé au-dessus d'une casserole d'eau frémissante. Étaler sur le biscuit en incisant des lignes avec une fourchette au fur et à mesure qu'il prend. Couper en carrés lorsqu'ils sont fermes.

Réfrigérateur à gâteaux au chocolat

Donne un gâteau de 1 lb/450 g

100 g/4 oz/½ tasse de cassonade douce

100 g/4 oz/½ tasse de beurre ou de margarine

50 g/2 oz/½ tasse de chocolat à boire en poudre

1 oz/25 g/¼ tasse de poudre de cacao (chocolat non sucré)

30 ml/2 cuillères à soupe de sirop doré (maïs clair)

5 oz/150 g de biscuits digestifs (biscuits Graham) ou de riches biscuits au thé

¼ tasse/2 oz/50 g de cerises glacées (confites) ou un mélange de noix et de raisins secs

4 oz/100 g/1 tasse de chocolat au lait

Dans une casserole mettre le sucre, le beurre ou la margarine, le chocolat à boire, le cacao et le sirop et faire chauffer doucement jusqu'à ce que le beurre soit fondu en remuant bien. Retirer du feu et émietter en biscuits. Ajouter les cerises ou les noix et les raisins secs et verser dans un moule à pain de 1 lb/450 g. Laisser refroidir au réfrigérateur.

Faire fondre le chocolat dans un bol résistant à la chaleur au-dessus d'une casserole d'eau frémissante. Répartir sur le dessus du gâteau refroidi et couper une fois cuit.

Gâteau au chocolat et aux fruits

Donne un gâteau de 18 cm/7 pouces

100 g/4 oz/½ tasse de beurre ou de margarine, fondu

100 g/4 oz/½ tasse de cassonade douce

225 g/8 oz/2 tasses de miettes de craquelins digestifs (Graham Cracker)

50g/2oz/1/3 tasse de raisins secs (raisins dorés)

45 ml/3 cuillères à soupe de poudre de cacao (chocolat non sucré)

1 œuf battu

Quelques gouttes d'essence de vanille (extrait)

Mélanger le beurre ou la margarine et le sucre, puis ajouter le reste des ingrédients et bien battre. Verser dans un moule à sandwich graissé de 7 pouces/18 cm et lisser la surface. Refroidir jusqu'à ce qu'il soit pris.

Carrés chocolat et gingembre

il y a 24 ans

100 g/4 oz/½ tasse de beurre ou de margarine

100 g/4 oz/½ tasse de cassonade douce

30 ml/2 cuillères à soupe de poudre de cacao (chocolat non sucré)

1 oeuf, légèrement battu

8 oz/225 g/2 tasses de chapelure de pain d'épice

15 ml/1 cuillère à soupe de gingembre cristallisé (confit) haché

Faire fondre le beurre ou la margarine, puis ajouter le sucre et le cacao jusqu'à ce que le tout soit bien mélangé. Mélanger l'œuf, la chapelure de biscuits et le gingembre. Presser dans un moule à roulé suisse (moule Jello roll) et réfrigérer jusqu'à ce qu'il soit ferme. Couper en carrés.

Carrés de luxe au chocolat et au gingembre

il y a 24 ans

100 g/4 oz/½ tasse de beurre ou de margarine

100 g/4 oz/½ tasse de cassonade douce

30 ml/2 cuillères à soupe de poudre de cacao (chocolat non sucré)

1 oeuf, légèrement battu

8 oz/225 g/2 tasses de chapelure de pain d'épice

15 ml/1 cuillère à soupe de gingembre cristallisé (confit) haché

4 oz/100 g/1 tasse de chocolat nature (mi-sucré)

Faire fondre le beurre ou la margarine, puis ajouter le sucre et le cacao jusqu'à ce que le tout soit bien mélangé. Mélanger l'œuf, la chapelure de biscuits et le gingembre. Presser dans un moule à roulé suisse (moule Jello roll) et réfrigérer jusqu'à ce qu'il soit ferme.

> **Faire fondre le chocolat dans un bol résistant à la chaleur placé au-dessus d'une casserole d'eau frémissante. Répartir sur le gâteau et laisser reposer. Couper en carrés lorsque le chocolat est presque dur.**

Biscuits au chocolat et au miel

il y a 12 ans

8 oz/225 g/1 tasse de beurre ou de margarine

30 ml/2 cuillères à soupe de miel léger

90 ml/6 cuillères à soupe de poudre de caroube ou de cacao (chocolat non sucré)

225 g/8 oz/2 tasses de miettes de biscuits sucrés

Faire fondre le beurre ou la margarine, le miel et la poudre de caroube ou de cacao dans une poêle jusqu'à ce qu'ils soient bien mélangés. Mélanger les miettes de biscuits. Verser dans un moule à gâteau carré de 20 cm / 8 graissé et laisser refroidir, puis couper en carrés.

gâteau au chocolat en couches

Donne un gâteau de 1 lb/450 g

300 ml/½ pt/1¼ tasse de crème double (épaisse)

225 g/8 oz/2 tasses de chocolat nature (mi-sucré), brisé

5 ml/1 cuillère à café d'essence de vanille (extrait)

20 cookies simples (cookies)

Faire chauffer la crème dans une casserole à feu doux jusqu'à presque ébullition. Retirer du feu et ajouter le chocolat, remuer, couvrir et laisser reposer 5 minutes. Ajouter l'essence de vanille et mélanger jusqu'à ce que le tout soit bien mélangé, puis réfrigérer jusqu'à ce que le mélange commence à épaissir.

Couvrir un moule à pain de 1 lb / 450 g (moule) avec une pellicule de plastique. Étalez une couche de chocolat sur le fond, puis superposez quelques biscuits sur le dessus. Continuez à superposer le chocolat et les biscuits jusqu'à ce que vous les ayez tous utilisés. Terminez par une couche de chocolat. Couvrir d'une pellicule plastique et réfrigérer pendant au moins 3 heures. Démouler le gâteau et retirer le film transparent.

bonnes tablettes de chocolat

il y a 12 ans

100 g/4 oz/½ tasse de beurre ou de margarine

30 ml/2 cuillères à soupe de sirop doré (maïs clair)

30 ml/2 cuillères à soupe de poudre de cacao (chocolat non sucré)

8 oz/225 g/1 paquet de biscuits, grossièrement écrasés

4 oz/100 g/1 tasse de chocolat nature (mi-sucré), coupé en dés

Faire fondre le beurre ou la margarine et le sirop, puis retirer du feu et ajouter le cacao et les biscuits écrasés. Étaler le mélange dans un moule à gâteau carré de 23 cm/9 po et égaliser la surface. Faire fondre le chocolat dans un bol résistant à la chaleur au-dessus d'une casserole d'eau frémissante et étaler sur le dessus. Laisser refroidir légèrement, puis couper en barres ou en carrés et réfrigérer jusqu'à ce qu'ils soient pris.

Carrés Chocolat Praliné

il y a 12 ans

100 g/4 oz/½ tasse de beurre ou de margarine

30 ml/2 cuillères à soupe de sucre glace (superfin)

15 ml/1 cuillère à soupe de sirop doré (maïs clair)

15 ml/1 cuillère à soupe de chocolat à boire en poudre

8 oz/225 g de craquelins digestifs (Graham Crackers), écrasés

7 oz/200 g/1¾ tasse de chocolat nature (mi-sucré)

4 oz/100 g/1 tasse de noix mélangées hachées

Faire fondre le beurre ou la margarine, le sucre, le sirop et le chocolat à boire dans une poêle. Porter à ébullition, puis faire bouillir pendant 40 secondes. Retirer du feu et ajouter les biscuits et les noix. Presser dans un moule à tarte graissé de 28 x 18 cm/11 x 7 pouces. Faire fondre le chocolat dans un bol résistant à la chaleur au-dessus d'une casserole d'eau frémissante. Répartir sur les biscuits et laisser refroidir, puis réfrigérer pendant 2 heures avant de couper en carrés.

Chips à la noix de coco

il y a 12 ans

4 oz/100 g/1 tasse de chocolat nature (mi-sucré)

30 ml/2 cuillères à soupe de lait

30 ml/2 cuillères à soupe de sirop doré (maïs clair)

4 oz/100 g/4 tasses de céréales de riz soufflé

2 oz/50 g/½ tasse de noix de coco râpée (râpée)

Faire fondre le chocolat, le lait et le sirop dans une casserole. Retirer du feu et ajouter les céréales et la noix de coco. Verser dans des caissettes en papier (papiers à muffins) et laisser prendre.

barres croustillantes

il y a 12 ans

6 oz/175 g/¾ tasse de beurre ou de margarine

2 oz/50 g/¼ tasse de cassonade douce

30 ml/2 cuillères à soupe de sirop doré (maïs clair)

45 ml/3 cuillères à soupe de poudre de cacao (chocolat non sucré)

3 oz/75 g/½ tasse de raisins secs ou de raisins secs (raisins dorés)

12 oz/350 g/3 tasses de céréales croquantes à l'avoine

8 oz/225 g/2 tasses de chocolat nature (mi-sucré)

Faire fondre le beurre ou la margarine avec le sucre, le sirop et le cacao. Ajouter les raisins secs ou les raisins secs et les céréales. Presser le mélange dans un moule beurré de 25 cm/12 pouces. Faire fondre le chocolat dans un bol résistant à la chaleur au-dessus d'une casserole d'eau frémissante. Étaler sur des barres et laisser refroidir, puis réfrigérer avant de couper en barres.

Chips à la noix de coco et aux raisins secs

il y a 12 ans

4 oz/100 g/1 tasse de chocolat blanc

30 ml/2 cuillères à soupe de lait

30 ml/2 cuillères à soupe de sirop doré (maïs clair)

6 oz/175 g/6 tasses de céréales de riz soufflé

50g/2oz/1/3 tasse de raisins secs

Faire fondre le chocolat, le lait et le sirop dans une casserole. Retirer du feu et ajouter les céréales et les raisins secs. Verser dans des caissettes en papier (papiers à muffins) et laisser prendre.

Carrés de café au lait

il y a 20 ans

1 oz/25 g/2 cuillères à soupe de gélatine en poudre

75 ml/5 cuillères à soupe d'eau froide

8 oz/225 g/2 tasses de chapelure de biscuits naturels

2 oz/50 g/¼ tasse de beurre ou de margarine, fondu

14 oz/400 g/1 grande boîte de lait évaporé

5 oz/150 g/2/3 tasse de sucre en poudre (superfin)

400 ml/14 fl oz/1¾ tasses de café noir fort, glacé

Crème fouettée et tranches d'oranges confites (confites) pour la garniture

Saupoudrer la gélatine sur l'eau dans un bol et laisser jusqu'à consistance mousseuse. Placez le récipient dans une casserole avec de l'eau chaude et laissez-le jusqu'à ce qu'il se dissolve. Refroidir légèrement. Incorporer les miettes de biscuits dans le beurre fondu et presser dans le fond et les côtés d'un moule à gâteau rectangulaire graissé de 12 x 8 pouces/30 x 20 cm. Fouetter le lait évaporé jusqu'à épaississement, puis incorporer graduellement le sucre, suivi de la gélatine dissoute et du café. Verser sur la base et réfrigérer jusqu'à ce qu'elle soit prise. Couper en carrés et décorer de chantilly et de tranches d'oranges confites.

gâteau aux fruits sans cuisson

Donne un gâteau de 23 cm/9 pouces

1 lb/450 g/22/3 tasses de mélange montagnard (mélange pour gâteau aux fruits)

450 g/1 livre de biscuits nature (cookies), écrasés

100 g/4 oz/½ tasse de beurre ou de margarine, fondu

100 g/4 oz/½ tasse de cassonade douce

14 oz/400 g/1 grande boîte de lait concentré

5 ml/1 cuillère à café d'essence de vanille (extrait)

Mélanger tous les ingrédients jusqu'à ce qu'ils soient bien mélangés. Verser dans une assiette à tarte graissée de 23 cm / 9 pouces (moule) tapissée d'un film plastique (pellicule plastique) et appuyer. Refroidir jusqu'à consistance ferme.

Carrés fruités

il y a environ 12 ans

100 g/4 oz/½ tasse de beurre ou de margarine

100 g/4 oz/½ tasse de cassonade douce

14 oz/400 g/1 grande boîte de lait concentré

5 ml/1 cuillère à café d'essence de vanille (extrait)

9 oz/1½ tasse/250 g de mélange montagnard (mélange pour gâteau aux fruits)

4 oz/100 g/½ tasse de cerises glacées (confites)

2 oz/50 g/½ tasse de noix mélangées hachées

14 oz/400 g de biscuits nature, écrasés

Faire fondre le beurre ou la margarine et le sucre à feu doux. Ajouter le lait concentré et l'essence de vanille et retirer du feu. Mélanger les ingrédients restants. Presser dans un moule à roulé suisse graissé (moule à rouler en gelée) et réfrigérer pendant 24 heures jusqu'à consistance ferme. Couper en carrés.

Crunchs aux fruits et fibres

il y a 12 ans

4 oz/100 g/1 tasse de chocolat nature (mi-sucré)

2 oz/50 g/¼ tasse de beurre ou de margarine

15 ml/1 cuillère à soupe de sirop doré (maïs clair)

100 g/4 oz/1 tasse de céréales pour petit-déjeuner avec fruits et fibres

Faire fondre le chocolat dans un bol résistant à la chaleur au-dessus d'une casserole d'eau frémissante. Crémer le beurre ou la margarine et le sirop. Ajouter les céréales. Verser dans des caissettes en papier (moules à muffins) et laisser refroidir et prendre.

Gâteau étagé au nougat

Donne un gâteau de 2 lb/900 g

½ oz/15 g/1 cuillère à soupe de poudre de gélatine

100 ml/3½ fl oz/6½ cuillères à soupe d'eau

1 paquet de biscuits

8 oz/225 g/1 tasse de beurre ou de margarine, ramolli

2 oz/50 g/¼ tasse de sucre en poudre (superfin)

14 oz/400 g/1 grande boîte de lait concentré

5 ml/1 cuillère à café de jus de citron

5 ml/1 cuillère à café d'essence de vanille (extrait)

5 ml/1 cuillère à café de crème de tartre

4 oz/100 g/2/3 tasse de fruits séchés mélangés (mélange pour gâteau aux fruits), hachés

Saupoudrer la gélatine sur l'eau dans un petit bol, puis placer le bol dans une casserole d'eau chaude jusqu'à ce que la gélatine soit claire. Refroidir légèrement. Tapisser un moule à pain de 2 lb/900 g de papier d'aluminium de sorte que le papier d'aluminium recouvre le dessus du moule, puis placer la moitié des biscuits sur la base. Battre le beurre ou la margarine et le sucre jusqu'à consistance crémeuse, puis incorporer tous les ingrédients restants. Versez dans le moule et placez les biscuits restants dessus. Couvrez de papier d'aluminium et posez un poids dessus. Refroidir jusqu'à consistance ferme.

Carrés au lait et muscade

il y a 20 ans

Pour le socle :

8 oz/225 g/2 tasses de chapelure de biscuits naturels

30 ml/2 cuillères à soupe de cassonade douce

2,5 ml/½ cuillère à café de noix de muscade râpée

100 g/4 oz/½ tasse de beurre ou de margarine, fondu

Pour le remplissage:

1,2 litre/2 pts/5 tasses de lait

1 oz/25 g/2 cuillères à soupe de beurre ou de margarine

2 œufs, séparés

8 oz/225 g/1 tasse de sucre en poudre (superfin)

4 oz/100 g/1 tasse de semoule de maïs (amidon de maïs)

½ tasse/2 oz/50 g de farine ordinaire (tout usage)

5 ml/1 cuillère à café de levure chimique

Une pincée de muscade râpée

noix de muscade râpée pour saupoudrer

Pour faire la base, mélanger la chapelure de biscuits, le sucre et la noix de muscade dans le beurre fondu ou la margarine et presser dans le fond d'un moule à tarte graissé de 30 x 20 cm/12 x 8 pouces.

Pour faire la garniture, porter à ébullition 1 litre/ 1¾ pts/4¼ tasses de lait dans une grande casserole. Ajouter le beurre ou la margarine. Battre les jaunes d'œufs avec le reste du lait. Mélanger le sucre, la semoule de maïs, la farine, la levure chimique et la noix de muscade. Fouetter une partie du lait bouillant dans le mélange de jaunes d'œufs jusqu'à obtenir une pâte, puis mélanger la pâte dans le lait bouillant, en remuant continuellement à feu doux pendant quelques minutes jusqu'à épaississement. Sortez du feu. Battre les blancs d'œufs en neige ferme, puis les incorporer au mélange. Verser sur la base et saupoudrer généreusement de noix de muscade. Laisser refroidir, puis refroidir et couper en carrés avant de servir.

muesli croustillant

Donne environ 16 carrés

14 oz/400 g/3½ tasses de chocolat nature (mi-sucré)

45 ml/3 cuillères à soupe de sirop doré (maïs clair)

1 oz/25 g/2 cuillères à soupe de beurre ou de margarine

Environ 225 g/8 oz/2/3 tasse de muesli

Faire fondre la moitié du chocolat, du sirop et du beurre ou de la margarine. Ajouter graduellement assez de muesli pour faire un mélange épais. Presser dans un moule à roulé suisse graissé (moule à roulé en gelée). Faire fondre le reste du chocolat et lisser dessus. Refroidir au réfrigérateur avant de couper en carrés.

Carrés de mousse à l'orange

il y a 20 ans

1 oz/25 g/2 cuillères à soupe de gélatine en poudre

75 ml/5 cuillères à soupe d'eau froide

8 oz/225 g/2 tasses de chapelure de biscuits naturels

2 oz/50 g/¼ tasse de beurre ou de margarine, fondu

14 oz/400 g/1 grande boîte de lait évaporé

5 oz/150 g/2/3 tasse de sucre en poudre (superfin)

14 fl oz/400 ml/1¾ tasse de jus d'orange

Crème fouettée et bonbons au chocolat pour décorer

Saupoudrer la gélatine sur l'eau dans un bol et laisser jusqu'à consistance mousseuse. Placez le récipient dans une casserole avec de l'eau chaude et laissez-le jusqu'à ce qu'il se dissolve. Refroidir légèrement. Incorporer les miettes de biscuits au beurre fondu et presser au fond et sur les côtés d'un moule à tarte peu profond graissé de 30 x 20 cm/12 x 8. Battre le lait jusqu'à consistance épaisse, puis incorporer graduellement le sucre, suivi de la gélatine dissoute et du jus d'orange. Verser sur la base et réfrigérer jusqu'à ce qu'elle soit prise. Couper en carrés et décorer de chantilly et de chocolats.

carrés aux cacahuètes

il y a 18 ans

8 oz/225 g/2 tasses de chapelure de biscuits naturels

100 g/4 oz/½ tasse de beurre ou de margarine, fondu

8 oz/225 g/1 tasse de beurre d'arachide croquant

1 oz/25 g/2 cuillères à soupe de cerises glacées (confites)

1 oz/25 g/3 cuillères à soupe de groseilles

Mélanger tous les ingrédients jusqu'à ce qu'ils soient bien mélangés. Presser dans un plat de cuisson graissé de 25 cm/12 po et réfrigérer jusqu'à ce qu'il soit ferme, puis couper en carrés.

Tartes aux bonbons à la menthe poivrée

il y a 16 ans

14 oz/400 g/1 grande boîte de lait concentré

600ml/1pt/2½ tasses de lait

30 ml/2 cuillères à soupe de poudre à crème pâtissière

225 g/8 oz/2 tasses de miettes de craquelins digestifs (Graham Cracker)

4 oz/100 g/1 tasse de chocolat à la menthe, cassé en morceaux

Placez la boîte de lait concentré non ouverte dans une casserole remplie d'assez d'eau pour couvrir la boîte. Porter à ébullition, couvrir et laisser mijoter 3 heures en rajoutant de l'eau bouillante au besoin. Laisser refroidir, puis ouvrir le moule et retirer le caramel.

Chauffer 500 ml/17 fl oz/2¼ tasses de lait avec le caramel, porter à ébullition et remuer jusqu'à ce qu'il soit fondu. Mélangez la poudre de flan en pâte avec le lait restant, puis remuez-la dans la casserole et poursuivez la cuisson à feu doux jusqu'à épaississement en remuant continuellement. Saupoudrer la moitié des miettes de biscuits au fond d'un moule à gâteau carré graissé de 8 pouces/20 cm, puis verser la moitié de la crème pâtissière dessus et saupoudrer de la moitié du chocolat. Répétez les couches, puis laissez refroidir. Laisser refroidir, puis couper en portions pour servir.

biscuits au riz

il y a 24 ans

175 g/6 oz/½ tasse de miel léger

8 oz/225 g/1 tasse de sucre cristallisé

60 ml/4 cuillères à soupe d'eau

12 oz/350 g/1 boîte de céréales de riz soufflé

4 oz/100 g/1 tasse de cacahuètes grillées

Faire fondre le miel, le sucre et l'eau dans une grande casserole, puis laisser refroidir pendant 5 minutes. Ajouter les céréales et les cacahuètes. Rouler en boules, placer dans des caissettes en papier (papiers à muffins) et laisser refroidir et prendre.

Tofettes au riz et au chocolat

Donne 8 oz/225 g

2 oz/50 g/¼ tasse de beurre ou de margarine

30 ml/2 cuillères à soupe de sirop doré (maïs clair)

30 ml/2 cuillères à soupe de poudre de cacao (chocolat non sucré)

60 ml/4 cuillères à soupe de sucre en poudre (superfin)

2 oz/50 g/½ tasse de riz moulu

Faire fondre le beurre et le sirop. Ajouter le cacao et le sucre jusqu'à dissolution, puis ajouter le riz moulu. Porter doucement à ébullition, réduire le feu et laisser mijoter 5 minutes en remuant continuellement. Verser dans un moule carré de 20 cm graissé et chemisé et laisser refroidir légèrement. Couper en carrés, puis laisser refroidir complètement avant de démouler.

Pate d'amande

Couvre le dessus et les côtés d'un gâteau de 9 pouces/23 cm

8 oz/225 g/2 tasses d'amandes moulues

8 oz/225 g/11/3 tasses de sucre à glacer (glaçage), tamisé

8 oz/225 g/1 tasse de sucre en poudre (superfin)

2 oeufs, légèrement battus

10 ml/2 cuillères à café de jus de citron

Quelques gouttes d'essence d'amande (extrait)

Battre les amandes et les sucres. Mélangez progressivement le reste des ingrédients jusqu'à obtenir une pâte lisse. Envelopper dans un film alimentaire (pellicule plastique) et réfrigérer avant utilisation.

pâte d'amande sans sucre

Couvre le dessus et les côtés d'un gâteau de 15 cm/6 pouces

4 oz/100 g/1 tasse d'amandes moulues

50g/2oz/½ tasse de fructose

¼ tasse/1 oz/25 g de semoule de maïs (amidon de maïs)

1 oeuf, légèrement battu

Mélanger tous les ingrédients jusqu'à obtenir une pâte lisse. Envelopper dans un film alimentaire (pellicule plastique) et réfrigérer avant utilisation.

glaçage royal

Couvrir le dessus et les côtés d'un gâteau de 20 cm/8 pouces

5 ml/1 cuillère à café de jus de citron

2 blancs d'œufs

1 lb/450 g/22/3 tasses de sucre glace, tamisé

5 ml/1 cuillère à café de glycérine (facultatif)

Mélanger le jus de citron et les blancs d'œufs et ajouter progressivement le sucre glace jusqu'à ce que le glaçage (glaçage) soit lisse et blanc et nappe le dos d'une cuillère. Quelques gouttes de glycérine empêcheront le glaçage de devenir trop cassant. Couvrir d'un linge humide et laisser reposer 20 minutes pour permettre aux bulles d'air de remonter à la surface.

Un glaçage de cette consistance peut être versé sur le gâteau et lissé avec un couteau trempé dans de l'eau chaude. Pour la tuyauterie, ajouter du sucre glace supplémentaire afin que le glaçage soit suffisamment ferme pour tenir sur les pics.

glaçage sans sucre

Donne assez pour couvrir un gâteau de 15 cm/6 pouces

50g/2oz/½ tasse de fructose

Une pincée de sel

1 blanc d'oeuf

2,5 ml/½ cuillère à café de jus de citron

Traiter la poudre de fructose dans un robot culinaire jusqu'à ce qu'elle soit aussi fine que le sucre à glacer. Mélangez le sel. Transférer dans un bol résistant à la chaleur et incorporer le blanc d'œuf et le jus de citron. Placez le bol sur une casserole d'eau frémissante et continuez à fouetter jusqu'à la formation de pics fermes. Retirer du feu et battre jusqu'à refroidissement.

glaçage fondant

Donne assez pour couvrir un gâteau de 20 cm/8 pouces

450 g/1 lb/2 tasses de sucre en poudre (superfin) ou en cubes

150 ml/¼ st/2/3 tasse d'eau

15 ml/1 cuillère à soupe de glucose liquide ou 2,5 ml/½ cuillère à café de crème de tartre

Faites dissoudre le sucre dans l'eau dans une grande casserole à fond épais à feu doux. Nettoyez les parois de la casserole avec une brosse trempée dans de l'eau froide pour éviter la formation de cristaux. Dissoudre la crème de tartre dans un peu d'eau, puis remuer dans la casserole. Porter à ébullition et faire bouillir constamment à 115°C/242°F lorsqu'une goutte de glaçage forme une boule lisse lorsqu'elle est immergée dans l'eau froide. Verser lentement le sirop dans un bol résistant à la chaleur et laisser jusqu'à ce qu'une peau se forme. Battre le glaçage avec une cuillère en bois jusqu'à ce qu'il devienne opaque et ferme. Pétrir jusqu'à consistance lisse. Chauffer dans un bol résistant à la chaleur au-dessus d'une casserole d'eau chaude pour ramollir, si nécessaire, avant de l'utiliser.

glaçage au beurre

Donne assez pour remplir et couvrir un gâteau de 8 pouces/20 cm

100 g/4 oz/½ tasse de beurre ou de margarine, ramolli

225 g/ 8 oz/1 1/3 tasses de sucre glace (glaçage), tamisé

30 ml/2 cuillères à soupe de lait

Battre le beurre ou la margarine jusqu'à consistance lisse. Incorporer graduellement le sucre glace et le lait jusqu'à ce que le tout soit bien mélangé.

Glaçage au beurre de chocolat

Donne assez pour remplir et couvrir un gâteau de 8 pouces/20 cm

30 ml/2 cuillères à soupe de poudre de cacao (chocolat non sucré)

15 ml/1 cuillère à soupe d'eau bouillante

100 g/4 oz/½ tasse de beurre ou de margarine, ramolli

8 oz/225 g/11/3 tasses de sucre à glacer (glaçage), tamisé

15 ml/1 cuillère à soupe de lait

Mélanger le cacao en pâte avec l'eau bouillante, puis laisser refroidir. Battre le beurre ou la margarine jusqu'à consistance lisse. Ajouter graduellement le mélange sucre glace, lait et cacao jusqu'à ce que le tout soit bien mélangé.

Glaçage au beurre de chocolat blanc

Donne assez pour remplir et couvrir un gâteau de 8 pouces/20 cm

4 oz/100 g/1 tasse de chocolat blanc

100 g/4 oz/½ tasse de beurre ou de margarine, ramolli

8 oz/225 g/11/3 tasses de sucre à glacer (glaçage), tamisé

15 ml/1 cuillère à soupe de lait

Faire fondre le chocolat dans un bol résistant à la chaleur placé au-dessus d'une casserole d'eau frémissante, puis laisser refroidir légèrement. Battre le beurre ou la margarine jusqu'à consistance lisse. Ajouter graduellement le sucre glace, le lait et le chocolat jusqu'à ce que le tout soit bien mélangé.

glaçage au beurre de café

Donne assez pour remplir et couvrir un gâteau de 8 pouces/20 cm

100 g/4 oz/½ tasse de beurre ou de margarine, ramolli

225 g/ 8 oz/11/3 tasses de sucre glace (glaçage), tamisé

15 ml/1 cuillère à soupe de lait

15 ml/1 cuillère à soupe d'essence de café (extrait)

Battre le beurre ou la margarine jusqu'à consistance lisse. Ajouter graduellement le sucre glace, le lait et l'essence de café jusqu'à ce que le tout soit bien mélangé.

Glaçage au beurre citronné

Donne assez pour remplir et couvrir un gâteau de 8 pouces/20 cm

100 g/4 oz/½ tasse de beurre ou de margarine, ramolli

225 g/ 8 oz/11/3 tasses de sucre glace (glaçage), tamisé

30 ml/2 cuillères à soupe de jus de citron

le zeste râpé de 1 citron

Battre le beurre ou la margarine jusqu'à consistance lisse. Ajouter graduellement le sucre glace, le jus de citron et le zeste jusqu'à ce que le tout soit bien mélangé.

Glaçage au beurre d'orange

Donne assez pour remplir et couvrir un gâteau de 8 pouces/20 cm

100 g/4 oz/½ tasse de beurre ou de margarine, ramolli

225 g/ 8 oz/11/3 tasses de sucre glace (glaçage), tamisé

30 ml/2 cuillères à soupe de jus d'orange

le zeste râpé d'1 orange

Battre le beurre ou la margarine jusqu'à consistance lisse. Ajouter graduellement le sucre glace, le jus d'orange et le zeste jusqu'à ce que le tout soit bien mélangé.

Crème glaçage au fromage

Donne assez pour couvrir un gâteau de 25 cm/9 pouces

3 oz/75 g/1/3 tasse de fromage à la crème

30 ml/2 cuillères à soupe de beurre ou de margarine

12 oz/350 g/2 tasses de sucre glace (glaçage), tamisé

5 ml/1 cuillère à café d'essence de vanille (extrait)

Battre le fromage et le beurre ou la margarine jusqu'à consistance légère et mousseuse. Ajouter progressivement le sucre glace et l'essence de vanille jusqu'à consistance lisse et crémeuse.

glaçage orange

Donne assez pour couvrir un gâteau de 25 cm/9 pouces

250g/9oz/1½ tasses de sucre glace, tamisé

30 ml/2 cuillères à soupe de beurre ou de margarine, ramolli

Quelques gouttes d'essence d'amande (extrait)

60 ml/4 cuillères à soupe de jus d'orange

Dans un bol, mettre le sucre glace et mélanger avec le beurre ou la margarine et l'essence d'amandes. Incorporer graduellement suffisamment de jus d'orange pour faire un glaçage dur.

Couverture de la liqueur d'orange

Donne assez pour couvrir un gâteau de 20 cm/8 pouces

100 g/4 oz/½ tasse de beurre ou de margarine, ramolli

1 lb/450 g/2 2/3 tasses de sucre glace, tamisé

60 ml/4 cuillères à soupe de liqueur d'orange

15 ml/1 cuillère à soupe de zeste d'orange râpé

Crémer le beurre ou la margarine et le sucre jusqu'à consistance légère et mousseuse. Ajouter suffisamment de liqueur d'orange pour lui donner une consistance tartinable, puis ajouter le zeste d'orange.

Biscuits à l'avoine et aux raisins secs

il y a 20 ans

¾ tasse/6 oz/175 g de farine ordinaire (tout usage)

5 oz / 1¼ tasse de flocons d'avoine

5 ml/1 cuillère à café de gingembre moulu

2,5 ml/½ cuillère à café de levure chimique

2,5 ml/½ cuillère à café de bicarbonate de soude (bicarbonate de sodium)

100 g/4 oz/½ tasse de cassonade douce

50g/2oz/1/3 tasse de raisins secs

1 oeuf, légèrement battu

150 ml/¼ st/2/3 tasse d'huile

60 ml/4 cuillères à soupe de lait

Mélanger les ingrédients secs, ajouter les raisins secs et faire un trou au centre. Ajouter l'œuf, l'huile et le lait et mélanger jusqu'à consistance lisse. Déposer des cuillères à soupe du mélange sur une plaque à biscuits non graissée et aplatir légèrement avec une fourchette. Cuire dans un four préchauffé à 200°C/400°F/thermostat 6 pendant 10 minutes jusqu'à ce qu'ils soient dorés.

Biscuits épicés à l'avoine

il y a 30 ans

100 g/4 oz/½ tasse de beurre ou de margarine, ramolli

100 g/4 oz/½ tasse de cassonade douce

100 g/4 oz/½ tasse de sucre en poudre (superfin)

1 oeuf

2,5 ml/½ cuillère à café d'essence de vanille (extrait)

1 tasse/4 oz/100 g de farine ordinaire (tout usage)

2,5 ml/½ cuillère à café de bicarbonate de soude (bicarbonate de sodium)

Une pincée de sel

5 ml/1 cuillère à café de cannelle moulue

Une pincée de muscade râpée

4 oz/100 g/1 tasse de flocons d'avoine

2 oz/50 g/½ tasse de noix mélangées hachées

2 oz/50 g/½ tasse de pépites de chocolat

Crémer le beurre ou la margarine et les sucres jusqu'à consistance légère et mousseuse. Ajouter progressivement l'œuf et l'essence de vanille. Mélanger la farine, le bicarbonate de soude, le sel et les épices et ajouter au mélange. Ajouter les flocons d'avoine, les noix et les pépites de chocolat. Versez des cuillères à café bombées sur une plaque de cuisson (biscuit) graissée et faites cuire les biscuits (biscuits) dans un four préchauffé à 180°C/350°F/gaz niveau 4 pendant 10 minutes jusqu'à ce qu'ils soient légèrement dorés.

Biscuits à l'avoine à grains entiers

il y a 24 ans

100 g/4 oz/½ tasse de beurre ou de margarine

200 g/7 oz/1¾ tasse d'avoine

¾ tasse/3 oz/75 g de farine de blé entier (blé entier)

½ tasse/2 oz/50 g de farine ordinaire (tout usage)

5 ml/1 cuillère à café de levure chimique

2 oz/50 g/¼ tasse de sucre demerara

1 oeuf, légèrement battu

30 ml/2 cuillères à soupe de lait

Frotter le beurre ou la margarine dans les flocons d'avoine, les farines et la levure chimique jusqu'à ce que le mélange ressemble à de la chapelure. Ajouter le sucre, puis mélanger l'œuf et le lait pour obtenir une pâte ferme. Étaler la pâte sur une surface légèrement farinée sur une épaisseur d'environ 1 cm/½ po et découper des cercles avec un emporte-pièce de 5 cm/2 po. Placer les biscuits (biscuits) sur une plaque de cuisson (biscuit) graissée et cuire dans un four préchauffé à 190°C/375°F/gaz niveau 5 pendant environ 15 minutes jusqu'à ce qu'ils soient dorés.

Biscuits à l'orange

il y a 24 ans

100 g/4 oz/½ tasse de beurre ou de margarine, ramolli

2 oz/50 g/¼ tasse de sucre en poudre (superfin)

le zeste râpé d'1 orange

1 ¼ tasse/5 oz/150 g de farine auto-levante

Crémer le beurre ou la margarine et le sucre jusqu'à consistance légère et mousseuse. Travailler le zeste d'orange, puis incorporer la farine pour obtenir un mélange épais. Rouler en grosses boules de la taille d'une noix et les placer bien à part sur une plaque à biscuits graissée, puis appuyer légèrement avec une fourchette pour les aplatir. Cuire les biscuits dans un four préchauffé à 180°C/350°F/gaz niveau 4 pendant 15 minutes jusqu'à ce qu'ils soient dorés.

Biscuits à l'orange et au citron

il y a 30 ans

2 oz/50 g/¼ tasse de beurre ou de margarine, ramolli

3 oz/75 g/1/3 tasse de sucre en poudre (superfin)

1 jaune d'oeuf

le zeste râpé de ½ orange

15 ml/1 cuillère à soupe de jus de citron

1¼ tasse/5 oz/150 g de farine ordinaire (tout usage)

2,5 ml/½ cuillère à café de levure chimique

Une pincée de sel

Crémer le beurre ou la margarine et le sucre jusqu'à consistance légère et mousseuse. Mélangez progressivement le jaune d'œuf, le zeste d'orange et le jus de citron, puis ajoutez la farine, la levure chimique et le sel pour obtenir une pâte ferme. Envelopper et filmer (pellicule plastique) et réfrigérer pendant 30 minutes.

Étaler sur une surface légèrement farinée à environ ¼/5 mm d'épaisseur et découper en formes avec un emporte-pièce. Placez les biscuits sur une plaque à pâtisserie graissée et faites cuire dans un four préchauffé à 190°C/375°F/gaz niveau 5 pendant 10 minutes.

Biscuits à l'orange et aux noix

il y a 16 ans

100 g/4 oz/½ tasse de beurre ou de margarine

3 oz/75 g/1/3 tasse de sucre en poudre (superfin)

le zeste râpé de ½ orange

1 ¼ tasse/5 oz/150 g de farine auto-levante

2 oz/50 g/½ tasse de noix, moulues

Battre le beurre ou la margarine avec 50 g/2 oz/¼ tasse de sucre et le zeste d'orange jusqu'à consistance légère et crémeuse. Ajouter la farine et les noix et battre à nouveau jusqu'à ce que le mélange commence à se tenir. Façonner en boules et aplatir sur une plaque à biscuits graissée. Cuire les biscuits dans un four préchauffé à 190 °C/375 °F/gaz niveau 5 pendant 10 minutes jusqu'à ce qu'ils soient dorés sur les bords. Saupoudrer du sucre réservé et laisser refroidir légèrement avant de transférer sur une grille pour refroidir.

Biscuits à l'orange et aux pépites de chocolat

il y a 30 ans

2 oz/50 g/¼ tasse de beurre ou de margarine, ramolli

3 oz/75 g/1/3 tasse de shortening (shortening végétal)

6 oz/175 g/¾ tasse de cassonade douce

1¾ tasses/7 oz/100 g de farine de blé entier (blé entier)

3 oz/75 g/¾ tasse d'amandes moulues

10 ml/2 cuillères à café de levure chimique

3 oz/75 g/¾ tasse de pépites de chocolat

le zeste râpé de 2 oranges

15 ml/1 cuillère à soupe de jus d'orange

1 oeuf

Sucre glace (superfin) pour saupoudrer

Battre le beurre ou la margarine, le saindoux et la cassonade jusqu'à consistance légère et mousseuse. Ajouter le reste des ingrédients sauf le sucre en poudre et mélanger jusqu'à obtenir une pâte. Étaler sur un plan de travail fariné à ¼/5 mm d'épaisseur et découper en biscuits à l'aide d'un emporte-pièce. Placez-les sur une plaque à pâtisserie graissée (biscuit) et faites cuire dans un four préchauffé à 180°C/350°F/gaz niveau 4 pendant 20 minutes jusqu'à ce qu'ils soient dorés.

Cookies épicés à l'orange

il y a 10 ans

8 oz/2 tasses/225 g de farine ordinaire (tout usage)

2,5 ml/½ cuillère à café de cannelle moulue

Une pincée d'épices mélangées (tarte aux pommes)

3 oz/75 g/1/3 tasse de sucre en poudre (superfin)

5 oz/150 g/2/3 tasse de beurre ou de margarine, ramolli

2 jaunes d'œufs

le zeste râpé d'1 orange

3 oz/75 g/¾ tasse de chocolat nature (mi-sucré)

Mélanger la farine et les épices, puis ajouter le sucre. Ajouter le beurre ou la margarine, les jaunes d'œufs et le zeste d'orange et mélanger jusqu'à consistance lisse. Enveloppez-le dans du film alimentaire (pellicule plastique) et laissez-le refroidir pendant 1 heure.

Verser la pâte dans une poche à douille munie d'une grande pointe étoilée (embout) et de longs tubes sur une plaque à pâtisserie graissée (à biscuits). Cuire au four préchauffé à 190°C/375°F/thermostat 5 pendant 10 minutes jusqu'à ce qu'ils soient dorés. Laisser refroidir.

Faire fondre le chocolat dans un bol résistant à la chaleur placé au-dessus d'une casserole d'eau frémissante. Tremper les extrémités des biscuits dans le chocolat fondu et laisser sur une feuille de papier sulfurisé jusqu'à ce qu'ils soient pris.

cookies au beurre de cacahuète

il y a 18 ans

100 g/4 oz/½ tasse de beurre ou de margarine, ramolli

100 g/4 oz/½ tasse de sucre en poudre (superfin)

100 g/4 oz/½ tasse de beurre de cacahuète croustillant ou onctueux

60 ml/4 cuillères à soupe de sirop doré (maïs clair)

15 ml/1 cuillère à soupe de lait

1½ tasse/6 oz/175 g de farine ordinaire (tout usage)

2,5 ml/½ cuillère à café de bicarbonate de soude (bicarbonate de sodium)

Crémer le beurre ou la margarine et le sucre jusqu'à consistance légère et mousseuse. Incorporer le beurre de cacahuètes, suivi du sirop et du lait. Mélanger la farine et le bicarbonate de soude et mélanger au mélange, puis pétrir jusqu'à consistance lisse. Façonner en bûche et réfrigérer jusqu'à consistance ferme.

Couper en tranches de ¼/5 mm d'épaisseur et déposer sur une plaque à biscuits légèrement graissée. Cuire les biscuits dans un four préchauffé à 180°C/350°F/gaz niveau 4 pendant 12 minutes jusqu'à ce qu'ils soient dorés.

Tourbillons de beurre d'arachide au chocolat

il y a 24 ans

2 oz/50 g/¼ tasse de beurre ou de margarine, ramolli

2 oz/50 g/¼ tasse de cassonade douce

2 oz/50 g/¼ tasse de sucre en poudre (superfin)

2 oz/50 g/¼ tasse de beurre d'arachide lisse

1 jaune d'oeuf

¾ tasse/3 oz/75 g de farine ordinaire (tout usage)

2,5 ml/½ cuillère à café de bicarbonate de soude (bicarbonate de sodium)

2 oz/50 g/½ tasse de chocolat nature (mi-sucré)

Crémer le beurre ou la margarine et les sucres jusqu'à consistance légère et mousseuse. Incorporer petit à petit le beurre de cacahuète, puis le jaune d'œuf. Mélanger la farine et le bicarbonate de soude et battre dans le mélange pour faire une pâte ferme. Pendant ce temps, faites fondre le chocolat dans un bol résistant à la chaleur placé au-dessus d'une casserole d'eau frémissante. Abaisser la pâte à 12 x 18 pouces/30 x 46 cm et badigeonner avec le chocolat fondu presque jusqu'aux bords. Rouler du côté long, envelopper dans une pellicule de plastique (pellicule plastique) et réfrigérer jusqu'à consistance ferme.

Couper le rouleau en tranches de ¼ de pouce/5 mm et les placer sur une plaque à biscuits non graissée. Cuire au four préchauffé à 180°C/350°F/thermostat 4 pendant 10 minutes jusqu'à ce qu'ils soient dorés.

Biscuits à l'avoine et au beurre d'arachide

il y a 24 ans

3 oz/75 g/1/3 tasse de beurre ou de margarine, ramolli

3 oz/75 g/1/3 tasse de beurre d'arachide

5 oz/150 g/2/3 tasse de cassonade douce

1 oeuf

½ tasse/2 oz/50 g de farine ordinaire (tout usage)

2,5 ml/½ cuillère à café de levure chimique

Une pincée de sel

Quelques gouttes d'essence de vanille (extrait)

3 oz/75 g/¾ tasse de flocons d'avoine

1½ oz/40 g/1/3 tasse de pépites de chocolat

Battre le beurre ou la margarine, le beurre d'arachide et le sucre jusqu'à consistance légère et mousseuse. Incorporer l'œuf petit à petit. Ajouter la farine, la levure chimique et le sel. Ajouter l'essence de vanille, les flocons d'avoine et les pépites de chocolat. Versez des cuillères à soupe sur une plaque à pâtisserie (biscuit) graissée et faites cuire les biscuits (biscuits) dans un four préchauffé à 180°C/350°F/gaz niveau 4 pendant 15 minutes.

Biscuits au beurre de cacahuète et au miel de coco

il y a 24 ans

120 ml/4 oz/½ tasse d'huile

175 g/6 oz/½ tasse de miel léger

¾ tasse/6 oz/175 g de beurre de cacahuète croquant

1 œuf battu

4 oz/100 g/1 tasse de flocons d'avoine

8 oz/2 tasses/225 g de farine de blé entier (blé entier)

2 oz/50 g/½ tasse de noix de coco râpée (râpée)

Mélangez l'huile, le miel, le beurre de cacahuète et l'œuf, puis ajoutez le reste des ingrédients. Déposer des cuillères à soupe sur une plaque à biscuits graissée et aplatir légèrement à environ ¼/6 mm d'épaisseur. Cuire les biscuits dans un four préchauffé à 180°C/350°F/gaz niveau 4 pendant 12 minutes jusqu'à ce qu'ils soient dorés.

Biscuits aux noix de pécan

il y a 24 ans

100 g/4 oz/½ tasse de beurre ou de margarine, ramolli

45 ml/3 cuillères à soupe de cassonade douce

1 tasse/4 oz/100 g de farine ordinaire (tout usage)

Une pincée de sel

5 ml/1 cuillère à café d'essence de vanille (extrait)

4 oz/100 g/1 tasse de pacanes, hachées finement

Sucre glace (glaçage), tamisé, pour saupoudrer

Crémer le beurre ou la margarine et le sucre jusqu'à consistance légère et mousseuse. Ajouter petit à petit le reste des ingrédients, sauf le sucre glace. Façonner des boules de 3 cm/1½ po et les déposer sur une plaque à biscuits graissée. Cuire les biscuits dans un four préchauffé à 160°C/325°F/gaz niveau 3 pendant 15 minutes jusqu'à ce qu'ils soient dorés. Servir saupoudré de sucre glace.

biscuits moulin à vent

il y a 24 ans

1½ tasse/6 oz/175 g de farine ordinaire (tout usage)

5 ml/1 cuillère à café de levure chimique

Une pincée de sel

3 oz/75 g/1/3 tasse de beurre ou de margarine

3 oz/75 g/1/3 tasse de sucre en poudre (superfin)

Quelques gouttes d'essence de vanille (extrait)

20 ml/4 cuillères à café d'eau

10 ml/2 cuillères à café de poudre de cacao (chocolat non sucré)

Mélanger la farine, la levure chimique et le sel, puis incorporer le beurre ou la margarine jusqu'à ce que le mélange ressemble à de la chapelure. Ajouter le sucre. Ajouter l'essence de vanille et l'eau et mélanger jusqu'à obtenir une pâte lisse. Former une boule, puis la couper en deux. Travailler le cacao dans une moitié de la pâte. Étalez chaque morceau de pâte en un rectangle de 25 x 18 cm/10 x 7 pouces et placez-les l'un sur l'autre. Roulez doucement pour qu'ils collent ensemble. Rouler la pâte du côté long et presser légèrement. Enveloppez-le dans du film alimentaire (pellicule plastique) et laissez-le refroidir environ 30 minutes.

Couper en tranches de 1/2,5 cm d'épaisseur et les déposer, bien espacées, sur une plaque à pâtisserie graissée. Cuire les biscuits dans un four préchauffé à 180°C/350°F/gaz niveau 4 pendant 15 minutes jusqu'à ce qu'ils soient dorés.

Biscuits rapides au babeurre

il y a 12 ans

3 oz/75 g/1/3 tasse de beurre ou de margarine

8 oz/2 tasses/225 g de farine ordinaire (tout usage)

15 ml/1 cuillère à soupe de levure chimique

2,5 ml/½ cuillère à café de sel

175 ml/6 oz liq./¾ tasse de babeurre

Sucre glace (glaçage), tamisé, pour saupoudrer (facultatif)

Frotter le beurre ou la margarine dans la farine, la poudre à pâte et le sel jusqu'à ce que le mélange ressemble à de la chapelure. Ajouter progressivement le babeurre pour obtenir une pâte lisse. Étalez le mélange sur une surface légèrement farinée jusqu'à ce qu'il soit d'environ ¾/2 cm d'épaisseur et coupez en cercles avec un emporte-pièce. Placer les biscuits sur une plaque à pâtisserie graissée (biscuit) et cuire dans un four préchauffé à 230°C/450°F/gaz niveau 8 pendant 10 minutes jusqu'à ce qu'ils soient dorés. Saupoudrez de sucre glace, si vous le souhaitez.

Cookies aux raisins

il y a 24 ans

100 g/4 oz/½ tasse de beurre ou de margarine, ramolli

2 oz/50 g/¼ tasse de sucre en poudre (superfin)

le zeste râpé de 1 citron

50g/2oz/1/3 tasse de raisins secs

1 ¼ tasse/5 oz/150 g de farine auto-levante

Crémer le beurre ou la margarine et le sucre jusqu'à consistance légère et mousseuse. Travaillez le zeste de citron, puis mélangez les raisins secs et la farine pour faire un mélange épais. Rouler en grosses boules de la taille d'une noix et les placer bien à part sur une plaque à biscuits graissée, puis appuyer légèrement avec une fourchette pour les aplatir. Cuire les biscuits dans un four préchauffé à 180°C/350°F/gaz niveau 4 pendant 15 minutes jusqu'à ce qu'ils soient dorés.

biscuits moelleux aux raisins secs

il y a 36 ans

100g/4oz/2/3 tasse de raisins secs

90 ml/6 cuillères à soupe d'eau bouillante

2 oz/50 g/¼ tasse de beurre ou de margarine, ramolli

6 oz/175 g/¾ tasse de sucre en poudre (superfin)

1 oeuf, légèrement battu

2,5 ml/½ cuillère à café d'essence de vanille (extrait)

1½ tasse/6 oz/175 g de farine ordinaire (tout usage)

2,5 ml/½ cuillère à café de levure chimique

1,5 ml/¼ cuillère à café de bicarbonate de soude (bicarbonate de soude)

2,5 ml/½ cuillère à café de sel

2,5 ml/½ cuillère à café de cannelle moulue

Une pincée de muscade râpée

2 oz/50 g/½ tasse de noix mélangées hachées

Mettre les raisins secs et l'eau bouillante dans une casserole, porter à ébullition, couvrir et laisser mijoter 3 minutes. Laisser refroidir. Crémer le beurre ou la margarine et le sucre jusqu'à consistance légère et mousseuse. Ajouter progressivement l'œuf et l'essence de vanille. Ajouter la farine, la poudre à pâte, le bicarbonate de soude, le sel et les épices en alternant avec les raisins secs et le liquide de trempage. Ajouter les noix et mélanger jusqu'à consistance lisse. Enveloppez-le dans du film alimentaire (pellicule plastique) et laissez-le refroidir pendant au moins 1 heure.

Déposez des cuillerées de pâte sur une plaque à biscuits graissée et faites cuire les biscuits dans un four préchauffé à 180°C/350°F/gaz niveau 4 pendant 10 minutes jusqu'à ce qu'ils soient dorés.

raisins secs tranchés et mélasse

il y a 24 ans

1 oz/25 g/2 cuillères à soupe de beurre ou de margarine, ramolli

100 g/4 oz/½ tasse de sucre en poudre (superfin)

1 jaune d'oeuf

30 ml/2 cuillères à soupe de mélasse noire (mélasse)

75g/3oz/½ tasse de groseilles

1¼ tasse/5 oz/150 g de farine ordinaire (tout usage)

5 ml/1 cuillère à café de bicarbonate de soude (bicarbonate de sodium)

5 ml/1 cuillère à café de cannelle moulue

Une pincée de sel

30 ml/2 cuillères à soupe de café noir froid

Crémer le beurre ou la margarine et le sucre jusqu'à consistance légère et mousseuse. Ajouter progressivement le jaune d'œuf et la mélasse, puis ajouter les raisins de Corinthe. Mélanger la farine, le bicarbonate de soude, la cannelle et le sel et mélanger avec le café. Couvrir et refroidir le mélange.

Rouler en un carré de 12 pouces / 30 cm, puis rouler en bûche. Placer sur une plaque à biscuits graissée et cuire dans un four préchauffé à 180°C/350°F/gaz niveau 4 pendant 15 minutes jusqu'à consistance ferme au toucher. Couper en tranches, puis laisser refroidir sur une grille.

Biscuits au Ratafia

il y a 16 ans

100g/4oz/½ tasse de sucre cristallisé

2 oz/50 g/¼ tasse d'amandes moulues

15 ml/1 cuillère à soupe de riz moulu

1 blanc d'oeuf

¼ tasse/1 oz/25 g d'amandes effilées (tranchées)

Mélanger le sucre, les amandes moulues et le riz moulu. Battre le blanc d'oeuf et continuer à battre pendant 2 minutes. Placer les biscuits de la taille d'une noix sur une plaque à pâtisserie tapissée de papier de riz (biscuit) munie d'une pointe plate de ¼ de pouce/5 mm. Déposer une amande effilée sur chaque biscuit. Cuire au four préchauffé à 190°C/375°F/thermostat 5 pendant 15 minutes jusqu'à ce qu'ils soient dorés.

Crackers de riz et muesli

il y a 24 ans

3 oz/75 g/¼ tasse de riz brun cuit

50g/2oz/½ tasse de muesli

¾ tasse/3 oz/75 g de farine de blé entier (blé entier)

2,5 ml/½ cuillère à café de sel

2,5 ml/½ cuillère à café de bicarbonate de soude (bicarbonate de sodium)

5 ml/1 cuillère à café d'épices mélangées moulues (tarte aux pommes)

30 ml/2 cuillères à soupe de miel léger

3 oz/75 g/1/3 tasse de beurre ou de margarine, ramolli

Mélanger le riz, le muesli, la farine, le sel, le bicarbonate de soude et le mélange d'épices. Battre le miel et le beurre ou la margarine jusqu'à consistance lisse. Incorporer le mélange de riz. Façonner le mélange en boules de la taille d'une noix et les placer bien espacées sur des plaques à biscuits graissées. Aplatir légèrement, puis cuire dans un four préchauffé à 190°C/375°F/gaz niveau 5 pendant 15 minutes ou jusqu'à ce qu'ils soient dorés. Laisser refroidir 10 minutes, puis transférer sur une grille pour terminer le refroidissement. conserver dans une caisse hermétiquement fermée.

Crèmes Roma

il y a 10 ans

1 oz/25 g/2 cuillères à soupe de shortening (shortening végétal)

1 oz/25 g/2 cuillères à soupe de beurre ou de margarine, ramolli

2 oz/50 g/¼ tasse de cassonade douce

2,5 ml/½ c. à thé de sirop doré (maïs léger)

½ tasse/2 oz/50 g de farine ordinaire (tout usage)

Une pincée de sel

1 oz/25 g/¼ tasse de flocons d'avoine

2,5 ml/½ cc d'épices mélangées moulues (tarte aux pommes)

2,5 ml/½ cuillère à café de bicarbonate de soude (bicarbonate de sodium)

10 ml/2 cuillères à café d'eau bouillante

glaçage au beurre

Battre le saindoux, le beurre ou la margarine et le sucre jusqu'à consistance légère et mousseuse. Ajouter le sirop, puis ajouter la farine, le sel, l'avoine et les épices mélangées et remuer jusqu'à ce que le tout soit bien mélangé. Dissoudre le bicarbonate de soude dans l'eau et mélanger pour former une pâte ferme. Façonner en 20 petites boules de taille égale et les placer bien espacées sur des plaques à biscuits graissées. Aplatir légèrement avec la paume de la main. Cuire au four préchauffé à 160°C/325°F/thermostat 3 pendant 15 minutes. Laisser refroidir sur les plaques de cuisson. Une fois refroidi, le biscuit sandwich se marie avec le glaçage à la crème au beurre (glaçage).

biscuits de sable

il y a 48 ans

100 g/4 oz/½ tasse de beurre dur ou mou ou de margarine

8 oz/225 g/1 tasse de cassonade douce

1 oeuf, légèrement battu

8 oz/2 tasses/225 g de farine ordinaire (tout usage)

blanc d'oeuf pour dorer

30 ml/2 cuillères à soupe de cacahuètes concassées

Crémer le beurre ou la margarine et le sucre jusqu'à consistance légère et mousseuse. Battre l'œuf, puis incorporer la farine. Étalez très finement sur une surface légèrement farinée et découpez des formes à l'aide d'un emporte-pièce. Placer les biscuits sur une plaque à pâtisserie graissée, badigeonner le dessus de blanc d'œuf et saupoudrer de cacahuètes. Cuire au four préchauffé à 180°C/350°F/thermostat 4 pendant 10 minutes jusqu'à ce qu'ils soient dorés.

Biscuits à la crème sure

il y a 24 ans

2 oz/50 g/¼ tasse de beurre ou de margarine, ramolli

6 oz/175 g/¾ tasse de sucre en poudre (superfin)

1 oeuf

60 ml/4 cuillères à soupe de crème sure (produit laitier aigre)

2,5 ml/½ cuillère à café d'essence de vanille (extrait)

1¼ tasse/5 oz/150 g de farine ordinaire (tout usage)

2,5 ml/½ cuillère à café de levure chimique

75g/3oz/½ tasse de raisins secs

Crémer le beurre ou la margarine et le sucre jusqu'à consistance légère et mousseuse. Ajouter progressivement l'œuf, la crème et l'essence de vanille. Mélanger la farine, la levure chimique et les raisins secs et incorporer au mélange jusqu'à ce qu'ils soient bien mélangés. Déposez des cuillères à café bombées du mélange sur des plaques à biscuits légèrement graissées et faites cuire dans un four préchauffé à 180°C/350°F/gaz niveau 4 pendant environ 10 minutes jusqu'à ce qu'ils soient dorés.

biscuits à la cassonade

il y a 24 ans

100 g/4 oz/½ tasse de beurre ou de margarine, ramolli

100 g/4 oz/½ tasse de cassonade douce

1 oeuf, légèrement battu

2,5 ml/1 cuillère à café d'essence de vanille (extrait)

1¼ tasse/5 oz/150 g de farine ordinaire (tout usage)

2,5 ml/½ cuillère à café de bicarbonate de soude (bicarbonate de sodium)

Une pincée de sel

3 oz/75 g/½ tasse de raisins secs (raisins dorés)

Crémer le beurre ou la margarine et le sucre jusqu'à consistance légère et mousseuse. Ajouter progressivement l'œuf et l'essence de vanille. Ajouter le reste des ingrédients jusqu'à consistance lisse. Déposer des cuillères à café rondes bien séparées sur une plaque à pâtisserie (à biscuits) légèrement graissée. Cuire les biscuits dans un four préchauffé à 180°C/350°F/gaz niveau 4 pendant 12 minutes jusqu'à ce qu'ils soient dorés.

Biscuits au sucre et à la muscade

il y a 24 ans

2 oz/50 g/¼ tasse de beurre ou de margarine, ramolli

100 g/4 oz/½ tasse de sucre en poudre (superfin)

1 jaune d'oeuf

2,5 ml/½ cuillère à café d'essence de vanille (extrait)

1¼ tasse/5 oz/150 g de farine ordinaire (tout usage)

5 ml/1 cuillère à café de levure chimique

Une pincée de muscade râpée

60 ml/4 cuillères à soupe de crème sure (produit laitier aigre)

Crémer le beurre ou la margarine et le sucre jusqu'à consistance légère et mousseuse. Ajouter le jaune d'œuf et l'essence de vanille, puis ajouter la farine, la levure chimique et la noix de muscade. Mélanger la crème jusqu'à consistance lisse. Couvrir et réfrigérer 30 minutes.

Étaler la pâte à ¼/5 mm d'épaisseur et découper des cercles de 2/5 cm à l'aide d'un emporte-pièce. Placez les biscuits sur une plaque à biscuits non graissée et faites cuire dans un four préchauffé à 200°C/400°F/gaz niveau 6 pendant 10 minutes jusqu'à ce qu'ils soient dorés.

sables

il y a 8 ans

1¼ tasse/5 oz/150 g de farine ordinaire (tout usage)

Une pincée de sel

¼ tasse/1 oz/25 g de farine de riz ou de riz moulu

2 oz/50 g/¼ tasse de sucre en poudre (superfin)

¼ tasse/4 oz/100 g de beurre dur ou de margarine, refroidi et râpé

Mélanger la farine, le sel et la farine de riz ou le riz moulu. Ajouter le sucre, puis le beurre ou la margarine. Travaillez le mélange du bout des doigts jusqu'à ce qu'il ressemble à de la chapelure. Presser dans un moule à sandwich de 7 pouces/18 cm et niveler le dessus. Piquez le tout avec une fourchette et coupez-le en huit quartiers égaux, en coupant jusqu'à la base. Refroidir pendant 1 heure.

Cuire dans un four préchauffé à 150°C/300°F/gaz niveau 2 pendant 1 heure jusqu'à ce que le tout soit légèrement pailleté. Laisser refroidir dans le moule avant de démouler.

biscuits de Noël

il y a 12 ans

6 oz/175 g/¾ tasse de beurre ou de margarine

2¼ tasses/9 oz/250 g de farine ordinaire (tout usage)

3 oz/75 g/1/3 tasse de sucre en poudre (superfin)

Pour la couverture :
15 ml/1 cuillère à soupe d'amandes hachées

15 ml/1 cuillère à soupe de noix hachées

30 ml/2 cuillères à soupe de raisins secs

30 ml/2 cuillères à soupe de cerises glacées (confites), hachées

le zeste râpé de 1 citron

15 ml/1 cuillère à soupe de sucre glace (superfin) pour saupoudrer

Frotter le beurre ou la margarine dans la farine jusqu'à ce que le mélange ressemble à de la chapelure. Ajouter le sucre. Presser le mélange dans une pâte et pétrir jusqu'à consistance lisse. Presser dans un moule à roulé suisse graissé (moule à roulé en gelée) et niveler la surface. Mélangez les ingrédients de la garniture et pressez-les dans la pâte. Entailler 12 doigts, puis cuire dans un four préchauffé à 180°C/350°F/thermostat 4 pendant 30 minutes. Saupoudrer de sucre glace, couper en doigts et laisser refroidir dans le moule.

pain sucré au miel

il y a 12 ans

100 g/4 oz/½ tasse de beurre ou de margarine, ramolli

75g/3oz/¼ tasse de miel

1¾ tasses/7 oz/200 g de farine de blé entier (blé entier)

1 oz/25 g/¼ tasse de farine de riz brun

le zeste râpé de 1 citron

Battre le beurre ou la margarine et le miel jusqu'à consistance lisse. Ajouter les farines et le zeste de citron et travailler en une pâte lisse. Presser dans un moule à gâteau ou à biscuits de 18 cm graissé et fariné et piquer partout avec une fourchette. Coupez en 12 pointes et pliez les bords. Refroidir pendant 1 heure.

Cuire dans un four préchauffé à 150°C/300°F/thermostat 2 pendant 40 minutes jusqu'à ce qu'ils soient dorés. Couper en morceaux marqués et laisser refroidir dans le moule.

Biscuits au beurre citronné

il y a 12 ans

1 tasse/4 oz/100 g de farine ordinaire (tout usage)

50 g/2 oz/½ tasse de semoule de maïs (amidon de maïs)

100 g/4 oz/½ tasse de beurre ou de margarine, ramolli

2 oz/50 g/¼ tasse de sucre en poudre (superfin)

le zeste râpé de 1 citron

Sucre glace (superfin) pour saupoudrer

Tamisez ensemble la farine et la fécule de maïs. Battre le beurre ou la margarine jusqu'à consistance lisse, puis battre le sucre en poudre jusqu'à ce qu'il soit léger et mousseux. Ajouter le zeste de citron, puis battre le mélange de farine jusqu'à ce qu'il soit bien mélangé. Étalez le sablé en un cercle de 8/20 cm et placez-le sur une plaque à pâtisserie graissée. Piquer le tout avec une fourchette et canneler les bords. Couper en 12 quartiers, puis saupoudrer de sucre en poudre. Refroidir au réfrigérateur pendant 15 minutes. Cuire dans un four préchauffé à 160°C/325°F/gaz niveau 3 pendant 35 minutes jusqu'à ce qu'ils soient dorés. Laisser refroidir sur la plaque pendant 5 minutes avant de transférer sur une grille pour terminer le refroidissement.

Pain sucré à la viande hachée

il y a 8 ans

¾ tasse/6 oz/175 g de beurre ou de margarine, ramolli

2 oz/50 g/¼ tasse de sucre en poudre (superfin)

8 oz/2 tasses/225 g de farine ordinaire (tout usage)

60 ml/4 cuillères à soupe de viande hachée

Battre le beurre ou la margarine et le sucre jusqu'à consistance lisse. Travaillez la farine, puis la viande hachée. Presser dans un moule à sandwich de 23 cm/ 7 pouces et niveler le dessus. Piquer le tout avec une fourchette et marquer huit segments en coupant jusqu'à la base. Refroidir pendant 1 heure.

Cuire dans un four préchauffé à 160°C/325°F/gaz niveau 3 pendant 1 heure jusqu'à ce que le tout soit légèrement pailleté. Laisser refroidir dans le moule avant de démouler.

Biscuits au beurre de noix de pécan

il y a 12 ans

100 g/4 oz/½ tasse de beurre ou de margarine, ramolli

2 oz/50 g/¼ tasse de sucre en poudre (superfin)

1 tasse/4 oz/100 g de farine ordinaire (tout usage)

2 oz/50 g/½ tasse de riz moulu

2 oz/50 g/½ tasse d'amandes, hachées finement

Crémer le beurre ou la margarine et le sucre jusqu'à consistance légère et mousseuse. Mélanger la farine et le riz moulu. Ajouter les noix et mélanger jusqu'à obtenir une pâte ferme. Pétrir légèrement jusqu'à consistance lisse. Presser au fond d'un moule à roulé suisse graissé (moule à roulé en gelée) et niveler la surface. Piquer le tout avec une fourchette. Cuire dans un four préchauffé à 160°C/325°F/thermostat 3 pendant 45 minutes jusqu'à ce qu'ils soient légèrement dorés. Laisser refroidir dans le moule pendant 10 minutes, puis couper en doigts. Laisser dans le moule pour finir de refroidir avant de démouler.

Biscuits à l'orange

il y a 12 ans

1 tasse/4 oz/100 g de farine ordinaire (tout usage)

50 g/2 oz/½ tasse de semoule de maïs (amidon de maïs)

100 g/4 oz/½ tasse de beurre ou de margarine, ramolli

2 oz/50 g/¼ tasse de sucre en poudre (superfin)

le zeste râpé d'1 orange

Sucre glace (superfin) pour saupoudrer

Tamisez ensemble la farine et la fécule de maïs. Battre le beurre ou la margarine jusqu'à consistance lisse, puis battre le sucre en poudre jusqu'à ce qu'il soit léger et mousseux. Ajouter le zeste d'orange, puis battre le mélange de farine jusqu'à ce qu'il soit bien mélangé. Étalez le sablé en un cercle de 8/20 cm et placez-le sur une plaque à pâtisserie graissée. Piquer le tout avec une fourchette et canneler les bords. Couper en 12 quartiers, puis saupoudrer de sucre en poudre. Refroidir au réfrigérateur pendant 15 minutes. Cuire dans un four préchauffé à 160°C/325°F/gaz niveau 3 pendant 35 minutes jusqu'à ce qu'ils soient dorés. Laisser refroidir sur la plaque pendant 5 minutes avant de transférer sur une grille pour terminer le refroidissement.

Le pain sucré de l'homme riche

il y a 36 ans

Pour le socle :

8 oz/225 g/1 tasse de beurre ou de margarine

10 oz/275 g/2½ tasses de farine ordinaire (tout usage)

100 g/4 oz/½ tasse de sucre en poudre (superfin)

Pour le remplissage:

8 oz/225 g/1 tasse de beurre ou de margarine

8 oz/225 g/1 tasse de cassonade douce

60 ml/4 cuillères à soupe de sirop doré (maïs clair)

14 oz/400 g de lait concentré en conserve

Quelques gouttes d'essence de vanille (extrait)

Pour la couverture :

8 oz/225 g/2 tasses de chocolat nature (mi-sucré)

Pour faire la base, frottez le beurre ou la margarine dans la farine, puis ajoutez le sucre et pétrissez le mélange en une pâte ferme. Presser dans le fond d'un moule à roulé suisse graissé (moule à roulé en gelée) recouvert de papier d'aluminium. Cuire dans un four préchauffé à 180°C/350°F/thermostat 4 pendant 35 minutes jusqu'à ce qu'ils soient dorés. Laisser refroidir dans le moule.

Pour faire la garniture, faites fondre le beurre ou la margarine, le sucre, le sirop et le lait concentré dans une poêle à feu doux en remuant continuellement. Porter à ébullition, puis laisser mijoter, en remuant continuellement, pendant 7 minutes. Retirer du feu, ajouter l'essence de vanille et bien battre. Verser sur la base et laisser refroidir et prendre.

Faire fondre le chocolat dans un bol résistant à la chaleur placé au-dessus d'une casserole d'eau frémissante. Étaler sur la couche de caramel et marquer des motifs avec une fourchette. Laisser refroidir et reposer, puis couper en carrés.

Biscuits à l'avoine à grains entiers

il y a 10 ans

100 g/4 oz/½ tasse de beurre ou de margarine

1¼ tasse/5 oz/150 g de farine de blé entier (blé entier)

1 oz/25 g/¼ tasse de farine d'avoine

2 oz/50 g/¼ tasse de cassonade douce

Frotter le beurre ou la margarine dans les farines jusqu'à ce que le mélange ressemble à de la chapelure. Ajouter le sucre et travailler légèrement jusqu'à l'obtention d'une pâte lisse et friable. Étaler sur une surface légèrement farinée jusqu'à environ 1/2 cm d'épaisseur et découper des cercles de 2/5 cm avec un emporte-pièce. Transférer délicatement sur une plaque à pâtisserie graissée (biscuit) et cuire dans un four préchauffé à 150°C/300°F/niveau de gaz 3 pendant environ 40 minutes jusqu'à ce qu'ils soient dorés et fermes.

tourbillons d'amandes

il y a 16 ans

¾ tasse/6 oz/175 g de beurre ou de margarine, ramolli

2 oz/50 g/1/3 tasse de sucre à glacer (glaçage), tamisé

2,5 ml/½ cuillère à café d'essence d'amande (extrait)

1½ tasse/6 oz/175 g de farine ordinaire (tout usage)

8 cerises glacées (confites), coupées en deux ou en quartiers

Sucre glace (glaçage), tamisé, pour saupoudrer

Crémer le beurre ou la margarine et le sucre. Battre l'essence d'amandes et la farine. Transférer le mélange dans une poche à douille munie d'une grande douille en forme d'étoile (pointe). Placer 16 tourbillons plats sur une plaque à pâtisserie (à biscuits) graissée. Garnir chacun d'une tranche de cerise. Cuire au four préchauffé à 160°C/325°F/thermostat 3 pendant 20 minutes jusqu'à ce qu'ils soient dorés. Laisser refroidir sur la plaque pendant 5 minutes, puis transférer sur une grille et saupoudrer de sucre glace.

Biscuits au chocolat meringué

il y a 24 ans

100 g/4 oz/½ tasse de beurre ou de margarine, ramolli

5 ml/1 cuillère à café d'essence de vanille (extrait)

4 blancs d'œufs

1¾ tasses/7 oz/200 g de farine ordinaire (tout usage)

2 oz/50 g/¼ tasse de sucre en poudre (superfin)

45 ml/3 cuillères à soupe de poudre de cacao (chocolat non sucré)

4 oz/100 g/2/3 tasse de sucre glace (glaçage), tamisé

Battre le beurre ou la margarine, l'essence de vanille et deux des blancs d'œufs. Mélanger la farine, le sucre et le cacao, puis incorporer progressivement au mélange de beurre. Presser dans un moule carré graissé de 30 cm/12 pouces (casserole). Battez les blancs d'œufs restants avec le sucre glace et étalez dessus. Cuire au four préchauffé à 190°C/375°F/thermostat 5 pendant 20 minutes jusqu'à ce qu'ils soient dorés. Couper en barres.

biscuits

il y a environ 12 ans

100 g/4 oz/½ tasse de beurre ou de margarine, ramolli

100 g/4 oz/½ tasse de sucre en poudre (superfin)

1 œuf battu

8 oz/2 tasses/225 g de farine ordinaire (tout usage)

Quelques raisins de Corinthe et cerises confites (confites)

Crémer le beurre ou la margarine et le sucre. Ajouter l'oeuf petit à petit et bien battre. Incorporer la farine avec une cuillère en métal. Étaler le mélange sur une surface légèrement farinée sur environ ¼/5 mm d'épaisseur. Découpez des personnes avec un emporte-pièce ou un couteau et roulez à nouveau les découpes jusqu'à ce que toute la pâte soit utilisée. Placer sur une plaque à pâtisserie graissée et presser les groseilles pour les yeux et les boutons. Coupez des tranches de cerise pour la bouche. Cuire les biscuits dans un four préchauffé à 190 °C/375 °F/gaz niveau 5 pendant 10 minutes jusqu'à ce qu'ils soient dorés. Laisser refroidir sur une grille.

gâteau glacé au gingembre

Donne deux gâteaux de 20 cm/8 pouces

Pour le gâteau :
8 oz/225 g/1 tasse de beurre ou de margarine, ramolli

100 g/4 oz/½ tasse de sucre en poudre (superfin)

10 oz/275 g/2½ tasses de farine ordinaire (tout usage)

10 ml/2 cuillères à café de levure chimique

10 ml/2 cuillères à café de gingembre moulu

Pour le glaçage (glaçage) :
2 oz/50 g/¼ tasse de beurre ou de margarine

15 ml/1 cuillère à soupe de sirop doré (maïs clair)

4 oz/100 g/2/3 tasse de sucre glace (glaçage), tamisé

5 ml/1 cuillère à café de gingembre moulu

Pour faire le gâteau éponge, crémez le beurre ou la margarine et le sucre jusqu'à consistance légère et mousseuse. Mélanger le reste des ingrédients du sablé pour faire une pâte, diviser le mélange en deux et presser dans deux moules à sandwich graissés de 20 cm. Cuire au four préchauffé à 160°C/325°F/thermostat 3 pendant 40 minutes.

Pour faire le glaçage, faire fondre le beurre ou la margarine et le sirop dans une poêle. Ajouter le sucre glace et le gingembre et bien mélanger. Verser sur les deux gâteaux et laisser refroidir, puis couper en quartiers.

Biscuits Shrewsbury

il y a 24 ans

100 g/4 oz/½ tasse de beurre ou de margarine, ramolli

100 g/4 oz/½ tasse de sucre en poudre (superfin)

1 jaune d'oeuf

8 oz/2 tasses/225 g de farine ordinaire (tout usage)

5 ml/1 cuillère à café de levure chimique

5 ml/1 cuillère à café de zeste de citron râpé

Crémer le beurre ou la margarine et le sucre jusqu'à consistance légère et mousseuse. Ajouter petit à petit le jaune d'œuf, puis incorporer la farine, la levure chimique et le zeste de citron en terminant avec les mains jusqu'à ce que le mélange se tienne. Étaler à ¼/5 mm d'épaisseur et découper des cercles de 2¼/6 cm à l'aide d'un emporte-pièce. Déposer les biscuits bien espacés sur une plaque à biscuits graissée et les piquer à la fourchette. Cuire au four préchauffé à 180°C/350°F/thermostat 4 pendant 15 minutes jusqu'à ce qu'ils soient dorés.

Biscuits épicés espagnols

il y a 16 ans

90 ml/6 cuillères à soupe d'huile d'olive

100g/4oz/½ tasse de sucre cristallisé

1 tasse/4 oz/100 g de farine ordinaire (tout usage)

15 ml/1 cuillère à soupe de levure chimique

10 ml/2 cuillères à café de cannelle moulue

3 oeufs

le zeste râpé de 1 citron

30 ml/2 cuillères à soupe de sucre glace tamisé

Faire chauffer l'huile dans une petite casserole. Mélanger le sucre, la farine, la levure chimique et la cannelle. Dans un autre bol, battre les œufs et le zeste de citron jusqu'à consistance mousseuse. Ajouter les ingrédients secs et l'huile pour obtenir une pâte lisse. Versez la pâte dans un moule à roulé bien graissé (jello tin) et faites cuire dans un four préchauffé à 180°C/350°F/gaz niveau 4 pendant 30 minutes jusqu'à ce qu'ils soient dorés. Démouler, laisser refroidir, puis découper en triangles et saupoudrer les biscuits (cookies) de sucre glace.

biscuits aux épices à l'ancienne

il y a 24 ans

3 oz/75 g/1/3 tasse de beurre ou de margarine

2 oz/50 g/¼ tasse de sucre en poudre (superfin)

45 ml/3 cuillères à soupe de mélasse verte (mélasse)

¾ tasse/6 oz/175 g de farine ordinaire (tout usage)

5 ml/1 cuillère à café de cannelle moulue

5 ml / 1 c. à thé d'épices mélangées moulues (tarte aux pommes)

2,5 ml/½ cuillère à café de gingembre moulu

2,5 ml/½ cuillère à café de bicarbonate de soude (bicarbonate de sodium)

Faites fondre le beurre ou la margarine, le sucre et la mélasse à feu doux. Mélanger la farine, les épices et le bicarbonate de soude dans un bol. Verser le mélange de mélasse et mélanger jusqu'à ce que le tout soit bien mélangé. Mélanger jusqu'à consistance lisse et former de petites boules. Disposer, bien espacés, sur une plaque à biscuits graissée et appuyer avec une fourchette. Cuire les biscuits dans un four préchauffé à 180°C/350°F/gaz niveau 4 pendant 12 minutes, jusqu'à ce qu'ils soient fermes et dorés.

Buicuits à la mélasse

il y a 24 ans

3 oz/75 g/1/3 tasse de beurre ou de margarine, ramolli

100 g/4 oz/½ tasse de cassonade douce

1 jaune d'oeuf

30 ml/2 cuillères à soupe de mélasse noire (mélasse)

1 tasse/4 oz/100 g de farine ordinaire (tout usage)

5 ml/1 cuillère à café de bicarbonate de soude (bicarbonate de sodium)

Une pincée de sel

5 ml/1 cuillère à café de cannelle moulue

2,5 ml/½ cuillère à café de clous de girofle moulus

Crémer le beurre ou la margarine et le sucre jusqu'à consistance légère et mousseuse. Ajouter progressivement le jaune d'oeuf et la mélasse. Mélanger la farine, le bicarbonate de soude, le sel et les épices et mélanger au mélange. Couvrir et réfrigérer.

Roulez le mélange en boules de 3 cm/1½ po et placez-les sur une plaque à biscuits graissée. Cuire les biscuits dans un four préchauffé à 180°C/350°F/gaz niveau 4 pendant 10 minutes jusqu'à ce qu'ils soient pris.

Biscuits à la mélasse, aux abricots et aux noix

il y a environ 24 ans

2 oz/50 g/¼ tasse de beurre ou de margarine

2 oz/50 g/¼ tasse de sucre en poudre (superfin)

2 oz/50 g/¼ tasse de cassonade douce

1 oeuf, légèrement battu

2,5 ml/½ cuillère à café de bicarbonate de soude (bicarbonate de sodium)

30 ml/2 cuillères à soupe d'eau tiède

45 ml/3 cuillères à soupe de mélasse verte (mélasse)

1 oz/25 g d'abricots secs prêts à manger, hachés

¼ tasse/1 oz/25 g de noix mélangées hachées

1 tasse/4 oz/100 g de farine ordinaire (tout usage)

Une pincée de sel

Une pincée de clous de girofle moulus

Crémer le beurre ou la margarine et les sucres jusqu'à consistance légère et mousseuse. Incorporer l'œuf petit à petit. Mélanger le bicarbonate de soude avec l'eau, incorporer au mélange avec le reste des ingrédients. Versez des cuillères à soupe sur une plaque à pâtisserie graissée et faites cuire dans un four préchauffé à 180°C/350°F/niveau de gaz 4 pendant 10 minutes.

Biscuits à la mélasse et au babeurre

il y a 24 ans

2 oz/50 g/¼ tasse de beurre ou de margarine, ramolli

2 oz/50 g/¼ tasse de cassonade douce

150 ml/¼ pt/2/3 tasse de mélasse verte (mélasse)

150 ml/¼ pt/2/3 tasse de babeurre

1½ tasse/6 oz/175 g de farine ordinaire (tout usage)

2,5 ml/½ cuillère à café de bicarbonate de soude (bicarbonate de sodium)

Crémer le beurre ou la margarine et le sucre jusqu'à consistance légère et mousseuse, puis incorporer la mélasse et le babeurre en alternant avec la farine et le bicarbonate de soude. Versez de grosses cuillerées sur une plaque à biscuits graissée et faites cuire dans un four préchauffé à 190°C/375°F/thermostat 5 pendant 10 minutes.

Biscuits à la mélasse et au café

il y a 24 ans

60 g/2½ oz/1/3 tasse de shortening (shortening végétal)

2 oz/50 g/¼ tasse de cassonade douce

3 oz/75 g/¼ tasse de mélasse verte (mélasse)

2,5 ml/½ cuillère à café d'essence de vanille (extrait)

1¾ tasses/7 oz/200 g de farine ordinaire (tout usage)

5 ml/1 cuillère à café de bicarbonate de soude (bicarbonate de sodium)

Une pincée de sel

2,5 ml/½ cuillère à café de gingembre moulu

2,5 ml/½ cuillère à café de cannelle moulue

60 ml/4 cuillères à soupe de café noir froid

Battre le saindoux et le sucre jusqu'à consistance légère et mousseuse. Ajouter la mélasse et l'essence de vanille. Mélanger la farine, le bicarbonate de soude, le sel et les épices et fouetter dans le mélange en alternant avec le café. Couvrir et réfrigérer plusieurs heures.

Étaler la pâte à ¼/5 mm d'épaisseur et découper des cercles de 2/5 cm à l'aide d'un emporte-pièce. Placez les biscuits sur une plaque à biscuits non graissée et faites cuire dans un four préchauffé à 190°C/375°F/gaz niveau 5 pendant 10 minutes jusqu'à ce qu'ils soient fermes au toucher.

Biscuits à la mélasse et aux dattes

il y a environ 24 ans

2 oz/50 g/¼ tasse de beurre ou de margarine, ramolli

2 oz/50 g/¼ tasse de sucre en poudre (superfin)

2 oz/50 g/¼ tasse de cassonade douce

1 oeuf, légèrement battu

2,5 ml/½ cuillère à café de bicarbonate de soude (bicarbonate de sodium)

30 ml/2 cuillères à soupe d'eau tiède

45 ml/3 cuillères à soupe de mélasse verte (mélasse)

¼ tasse/1 oz/25 g dattes dénoyautées (dénoyautées), hachées

1 tasse/4 oz/100 g de farine ordinaire (tout usage)

Une pincée de sel

Une pincée de clous de girofle moulus

Crémer le beurre ou la margarine et les sucres jusqu'à consistance légère et mousseuse. Incorporer l'œuf petit à petit. Mélanger le bicarbonate de soude avec l'eau, puis l'incorporer au mélange avec le reste des ingrédients. Versez des cuillères à soupe sur une plaque à pâtisserie graissée et faites cuire dans un four préchauffé à 180°C/350°F/niveau de gaz 4 pendant 10 minutes.

Biscuits à la mélasse et au pain d'épice

il y a 24 ans

2 oz/50 g/¼ tasse de beurre ou de margarine, ramolli

2 oz/50 g/¼ tasse de cassonade douce

150 ml/¼ pt/2/3 tasse de mélasse verte (mélasse)

150 ml/¼ pt/2/3 tasse de babeurre

1½ tasse/6 oz/175 g de farine ordinaire (tout usage)

2,5 ml/½ cuillère à café de bicarbonate de soude (bicarbonate de sodium)

2,5 ml/½ cuillère à café de gingembre moulu

1 oeuf, battu, pour glacer

Crémer le beurre ou la margarine et le sucre jusqu'à consistance légère et mousseuse, puis incorporer la mélasse et le babeurre en alternant avec la farine, le bicarbonate de soude et le gingembre moulu. Verser de grandes cuillerées sur une plaque à biscuits graissée et badigeonner le dessus d'œuf battu. Cuire au four préchauffé à 190°C/375°F/thermostat 5 pendant 10 minutes.

Biscuits à la vanille

il y a 24 ans

5 oz/150 g/2/3 tasse de beurre ou de margarine, ramolli

100 g/4 oz/½ tasse de sucre en poudre (superfin)

1 œuf battu

8 oz/225 g/2 tasses de farine auto-levante

Une pincée de sel

10 ml/2 cuillères à café d'essence de vanille (extrait)

Cerises glacées (confites) pour décorer

Crémer le beurre ou la margarine et le sucre jusqu'à consistance légère et mousseuse. Ajouter progressivement l'œuf, puis ajouter la farine, le sel et l'essence de vanille et mélanger jusqu'à consistance lisse. Pétrir jusqu'à consistance lisse. Enveloppez-le dans un film alimentaire (pellicule plastique) et laissez-le refroidir pendant 20 minutes.

Étaler finement la pâte et découper des cercles à l'aide d'un emporte-pièce. Disposer sur une plaque graissée (biscuits) et déposer une cerise sur chacun. Cuire les biscuits dans un four préchauffé à 180°C/350°F/gaz niveau 4 pendant 10 minutes jusqu'à ce qu'ils soient dorés. Laisser refroidir sur la plaque de cuisson pendant 10 minutes avant de transférer sur une grille pour terminer le refroidissement.

Biscuits aux noix

il y a 36 ans

100 g/4 oz/½ tasse de beurre ou de margarine, ramolli

100 g/4 oz/½ tasse de cassonade douce

100 g/4 oz/½ tasse de sucre en poudre (superfin)

1 gros oeuf, légèrement battu

1¾ tasses/7 oz/200 g de farine ordinaire (tout usage)

5 ml/1 cuillère à café de levure chimique

2,5 ml/½ cuillère à café de bicarbonate de soude (bicarbonate de sodium)

120 ml/4 oz/½ tasse de babeurre

2 oz/50 g/½ tasse de noix hachées

Crémer le beurre ou la margarine et les sucres. Ajouter progressivement l'œuf, puis ajouter la farine, la levure chimique et le bicarbonate de soude en alternance avec le babeurre. Ajouter les noix. Versez de petites cuillerées sur une plaque à biscuits graissée et faites cuire les biscuits dans un four préchauffé à 190°C/375°F/thermostat 5 pendant 10 minutes.

Biscuits croquants

il y a 24 ans

1 oz/25 g de levure fraîche ou 2½ cuillères à soupe/40 ml de levure sèche

450 ml/¾ pt/2 tasses de lait chaud

2 lb/8 tasses de farine régulière forte (à pain)

¾ tasse/6 oz/175 g de beurre ou de margarine, ramolli

30 ml/2 cuillères à soupe de miel léger

2 oeufs battus

Œuf battu pour glacer

Mélangez la levure avec un peu de lait tiède et laissez reposer 20 minutes dans un endroit chaud. Mettre la farine dans un bol et frotter avec le beurre ou la margarine. Mélanger le mélange de levure, le lait chaud restant, le miel et les œufs et mélanger jusqu'à consistance lisse. Pétrir sur une surface légèrement farinée jusqu'à consistance lisse et élastique. Placer dans un récipient huilé, couvrir d'un film alimentaire huilé (film plastique) et laisser dans un endroit chaud pendant 1 heure jusqu'à ce qu'il double de volume.

Pétrir à nouveau, puis former de longs rouleaux plats et les déposer sur une plaque à biscuits graissée. Couvrir d'un film transparent huilé et laisser dans un endroit chaud pendant 20 minutes.

Badigeonnez d'œuf battu et faites cuire dans un four préchauffé à 200°C/400°F/gaz niveau 6 pendant 20 minutes. Laisser refroidir une nuit.

Couper en fines tranches, puis cuire à nouveau dans un four préchauffé à 150°C/300°F/gaz niveau 2 pendant 30 minutes jusqu'à ce qu'ils soient croustillants et dorés.

biscuits au fromage cheddar

il y a 12 ans

2 oz/50 g/¼ tasse de beurre ou de margarine

1¾ tasses/7 oz/200 g de farine ordinaire (tout usage)

15 ml/1 cuillère à soupe de levure chimique

Une pincée de sel

2 oz/50 g/½ tasse de fromage cheddar, râpé

175 ml/6 oz liq./¾ tasse de lait

Frotter le beurre ou la margarine dans la farine, la poudre à pâte et le sel jusqu'à ce que le mélange ressemble à de la chapelure. Ajouter le fromage, puis incorporer suffisamment de lait pour obtenir une pâte lisse. Étaler sur une surface légèrement farinée jusqu'à environ ¾/2 cm d'épaisseur et couper en tranches avec un emporte-pièce. Placez-les sur une plaque à biscuits non graissée et faites cuire les biscuits dans un four préchauffé à 200°C/400°F/gaz niveau 6 pendant 15 minutes jusqu'à ce qu'ils soient dorés.

Craquelins au fromage bleu

il y a 12 ans

2 oz/50 g/¼ tasse de beurre ou de margarine

1¾ tasses/7 oz/200 g de farine ordinaire (tout usage)

15 ml/1 cuillère à soupe de levure chimique

2 oz/50 g/½ tasse de fromage Stilton, râpé ou émietté

175 ml/6 oz liq./¾ tasse de lait

Frotter le beurre ou la margarine dans la farine et la levure chimique jusqu'à ce que le mélange ressemble à de la chapelure. Ajouter le fromage, puis incorporer suffisamment de lait pour obtenir une pâte lisse. Étaler sur une surface légèrement farinée jusqu'à environ ¾/2 cm d'épaisseur et couper en tranches avec un emporte-pièce. Placez-les sur une plaque à biscuits non graissée et faites cuire les biscuits dans un four préchauffé à 200°C/400°F/gaz niveau 6 pendant 15 minutes jusqu'à ce qu'ils soient dorés.

Crackers fromage et sésame

il y a 24 ans

3 oz/75 g/1/3 tasse de beurre ou de margarine

¾ tasse/3 oz/75 g de farine de blé entier (blé entier)

3 oz/75 g/¾ tasse de fromage cheddar, râpé

30 ml/2 cuillères à soupe de graines de sésame

Sel et poivre noir fraîchement moulu

1 œuf battu

Frotter le beurre ou la margarine dans la farine jusqu'à ce que le mélange ressemble à de la chapelure. Ajouter le fromage et la moitié des graines de sésame et assaisonner de sel et de poivre. Presser ensemble pour former une pâte ferme. Étalez la pâte sur une surface légèrement farinée jusqu'à ce qu'elle ait environ ¼ de pouce/5 mm d'épaisseur et coupez-la en cercles avec un emporte-pièce. Placer les craquelins sur une plaque à biscuits graissée, badigeonner de dorure à l'œuf et saupoudrer du reste des graines de sésame. Cuire au four préchauffé à 190°C/375°F/thermostat 5 pendant 10 minutes jusqu'à ce qu'ils soient dorés.

Bâtons de fromage

il y a 16 ans

225g/8oz de pâte feuilletée

1 œuf battu

4 oz/100 g/1 tasse de fromage fort ou cheddar, râpé

15 ml/1 cuillère à soupe de parmesan râpé

Sel et poivre noir fraîchement moulu

Abaisser la pâte (pâtes) à environ ¼/5 mm d'épaisseur et badigeonner généreusement d'œuf battu. Saupoudrer de fromages et assaisonner au goût avec du sel et du poivre. Couper en lanières et torsader doucement les lanières en spirales. Placer sur une plaque à pâtisserie humidifiée et cuire dans un four préchauffé à 220°C/425°F/gaz niveau 7 pendant environ 10 minutes jusqu'à ce qu'ils soient gonflés et dorés.

Craquelins au fromage et aux tomates

il y a 12 ans

2 oz/50 g/¼ tasse de beurre ou de margarine

1¾ tasses/7 oz/200 g de farine ordinaire (tout usage)

15 ml/1 cuillère à soupe de levure chimique

Une pincée de sel

2 oz/50 g/½ tasse de fromage cheddar, râpé

15 ml/1 cuillère à soupe de purée de tomates (pâte)

150 ml/¼ pt/2/3 tasse de lait

Frotter le beurre ou la margarine dans la farine, la poudre à pâte et le sel jusqu'à ce que le mélange ressemble à de la chapelure. Ajouter le fromage, puis incorporer la purée de tomates et suffisamment de lait pour obtenir une pâte lisse. Étaler sur une surface légèrement farinée jusqu'à environ ¾/2 cm d'épaisseur et couper en tranches avec un emporte-pièce. Placez-les sur une plaque à biscuits non graissée et faites cuire les biscuits dans un four préchauffé à 200°C/400°F/gaz niveau 6 pendant 15 minutes jusqu'à ce qu'ils soient dorés.

Bouchées au fromage de chèvre

il y a 30 ans

2 feuilles de pâte filo (pâtes) surgelées, décongelées

2 oz/50 g/¼ tasse de beurre non salé, fondu

2 oz/50 g/½ tasse de fromage de chèvre en cubes

5 ml/1 cuillère à café Herbes de Provence

Badigeonnez une feuille de pâte filo de beurre fondu, placez la deuxième feuille dessus et badigeonnez de beurre. Couper en 30 carrés égaux, déposer un morceau de fromage sur chacun et saupoudrer d'herbes. Rapprocher les coins et tourner pour sceller, puis badigeonner à nouveau de beurre fondu. Placer sur une plaque à pâtisserie graissée (biscuit) et cuire dans un four préchauffé à 180°C/350°F/niveau de gaz 4 pendant 10 minutes jusqu'à ce qu'ils soient croustillants et dorés.

Rouleaux au jambon et à la moutarde

il y a 16 ans

225g/8oz de pâte feuilletée

30 ml/2 cuillères à soupe de moutarde française

4 oz/100 g/1 tasse de jambon cuit, haché

Sel et poivre noir fraîchement moulu

Abaisser la pâte (pâtes) à environ ¼/5 mm d'épaisseur. Badigeonner de moutarde, puis saupoudrer de jambon et assaisonner de sel et de poivre. Rouler la pâte en forme de saucisse allongée, puis la couper en tranches de 1/2 cm et la déposer sur une plaque à biscuits humidifiée. Cuire au four préchauffé à 220°C/425°F/thermostat 7 pendant environ 10 minutes jusqu'à ce qu'ils soient gonflés et dorés.

Biscuits Jambon Et Poivrons

il y a 30 ans

8 oz/2 tasses/225 g de farine ordinaire (tout usage)

15 ml/1 cuillère à soupe de levure chimique

5 ml/1 cuillère à café de thym séché

5 ml/1 cuillère à café de sucre en poudre (superfin)

2,5 ml/½ cuillère à café de gingembre moulu

Une pincée de muscade râpée

Une pincée de bicarbonate de soude (bicarbonate de soude)

Sel et poivre noir fraîchement moulu

2 oz/50 g/¼ tasse de shortening (shortening végétal)

2 oz/50 g/½ tasse de jambon cuit, haché

30 ml/2 cuillères à soupe de poivron vert finement haché

175 ml/6 oz liq./¾ tasse de babeurre

Mélanger la farine, la levure chimique, le thym, le sucre, le gingembre, la muscade, le bicarbonate de soude, le sel et le poivre. Frotter le shortening végétal jusqu'à ce que le mélange ressemble à de la chapelure. Ajouter le jambon et le poivre. Ajouter graduellement le babeurre et mélanger jusqu'à consistance lisse. Pétrir quelques secondes sur une surface légèrement farinée jusqu'à consistance lisse. Étalez-le à ¾/2 cm d'épaisseur et coupez-le en tranches à l'aide d'un emporte-pièce. Placer les biscuits, bien espacés, sur une plaque à pâtisserie graissée (biscuit) et cuire dans un four préchauffé à 220°C/425°F/gaz niveau 7 pendant 12 minutes jusqu'à ce qu'ils soient gonflés et dorés.

Biscuits simples aux herbes

il y a 8 ans

8 oz/2 tasses/225 g de farine ordinaire (tout usage)

15 ml/1 cuillère à soupe de levure chimique

5 ml/1 cuillère à café de sucre en poudre (superfin)

2,5 ml/½ cuillère à café de sel

2 oz/50 g/¼ tasse de beurre ou de margarine

15 ml/1 cuillère à soupe de ciboulette fraîche hachée

une pincée de paprika

poivre noir fraîchement moulu

45 ml/3 cuillères à soupe de lait

45 ml/3 cuillères à soupe d'eau

Mélanger la farine, la levure chimique, le sucre et le sel. Frotter dans du beurre ou de la margarine jusqu'à ce que le mélange ressemble à de la chapelure. Mélanger la ciboulette, le paprika et le poivre au goût. Ajouter le lait et l'eau et mélanger jusqu'à consistance lisse. Pétrir sur une surface légèrement farinée jusqu'à consistance lisse, puis étaler à ¾/2 cm d'épaisseur et couper en tranches avec un emporte-pièce. Placer les craquelins, bien espacés, sur une plaque à biscuits graissée et cuire dans un four préchauffé à 200°C/400°F/gaz niveau 6 pendant 15 minutes jusqu'à ce qu'ils soient gonflés et dorés.

biscuits indiens

pour 4 personnes

1 tasse/4 oz/100 g de farine ordinaire (tout usage)

4 oz/100 g/1 tasse de semoule (crème de blé)

6 oz/175 g/¾ tasse de sucre en poudre (superfin)

3 oz/75 g/¾ tasse de farine de gramme

¾ tasse/6 oz/175 g de beurre

Mélangez tous les ingrédients dans un bol, puis frottez-les avec les paumes de vos mains pour former une pâte ferme. Vous aurez peut-être besoin d'un peu plus de ghee si le mélange est trop sec. Former de petites boules et presser en forme de cookie (cracker). Placer sur une plaque à pâtisserie graissée et tapissée de biscuits et cuire dans un four préchauffé à 150°C/300°F/gaz niveau 2 pendant 30 à 40 minutes jusqu'à ce qu'ils soient légèrement dorés. Des craquelures fines peuvent apparaître pendant la cuisson des biscuits.

Sablés aux noisettes et échalotes

il y a 12 ans

3 oz/75 g/1/3 tasse de beurre ou de margarine, ramolli

1½ tasse/6 oz/175 g de farine de blé entier (blé entier)

10 ml/2 cuillères à café de levure chimique

1 échalote, hachée finement

2 oz/50 g/½ tasse de noisettes hachées

10 ml/2 cuillères à café de paprika

15 ml/1 cuillère à soupe d'eau froide

Frotter le beurre ou la margarine dans la farine et la levure chimique jusqu'à ce que le mélange ressemble à de la chapelure. Ajouter l'échalote, les noisettes et le paprika. Ajouter l'eau froide et presser pour faire une pâte. Rouler et presser dans un moule à roulé suisse de 30 x 20 cm (12 x 8 pouces) et piquer partout avec une fourchette. Marque aux doigts. Cuire dans un four préchauffé à 200°C/400°F/thermostat 6 pendant 10 minutes jusqu'à ce qu'ils soient dorés.

Crackers au saumon et à l'aneth

il y a 12 ans

8 oz/2 tasses/225 g de farine ordinaire (tout usage)

5 ml/1 cuillère à café de sucre en poudre (superfin)

2,5 ml/½ cuillère à café de sel

20 ml/4 cuillères à café de levure chimique

100 g/4 oz/½ tasse de beurre ou de margarine, coupé en dés

90 ml/6 cuillères à soupe d'eau

90 ml/6 cuillères à soupe de lait

4 oz/100 g/1 tasse de parures de saumon fumé, coupées en dés

60 ml/4 cuillères à soupe d'aneth frais haché (aneth)

Mélanger la farine, le sucre, le sel et la levure chimique, puis incorporer le beurre ou la margarine jusqu'à ce que le mélange ressemble à de la chapelure. Incorporer progressivement le lait et l'eau et mélanger jusqu'à consistance lisse. Incorporer le saumon et l'aneth et mélanger jusqu'à consistance lisse. Rouler à 1 pouce/2,5 cm d'épaisseur et couper en tranches avec un emporte-pièce. Placer les biscuits (crackers) bien espacés sur une plaque de cuisson (biscuit) graissée et cuire dans un four préchauffé à 220°C/425°F/gaz niveau 7 pendant 15 minutes jusqu'à ce qu'ils soient gonflés et dorés.

Biscuits au soda

il y a 12 ans

45 ml/3 cuillères à soupe de shortening (shortening végétal)

8 oz/2 tasses/225 g de farine ordinaire (tout usage)

5 ml/1 cuillère à café de bicarbonate de soude (bicarbonate de sodium)

5 ml/1 cuillère à café de crème de tartre

Une pincée de sel

250 ml/8 oz/1 tasse de babeurre

Frotter le saindoux dans la farine, le bicarbonate de soude, la crème de tartre et le sel jusqu'à ce que le mélange ressemble à de la chapelure. Ajouter le lait et mélanger jusqu'à consistance lisse. Étaler sur une surface légèrement farinée à 1/2 cm d'épaisseur et couper avec un emporte-pièce. Placez les craquelins sur une plaque à biscuits graissée et faites cuire dans un four préchauffé à 230°C/450°F/gaz niveau 8 pendant 10 minutes jusqu'à ce qu'ils soient dorés.

Moulins à tomates et parmesan

il y a 16 ans

225g/8oz de pâte feuilletée

30 ml/2 cuillères à soupe de purée de tomates (pâte)

4 oz/100 g/1 tasse de parmesan, râpé

Sel et poivre noir fraîchement moulu

Abaisser la pâte (pâtes) à environ ¼/5 mm d'épaisseur. Tartiner de purée de tomates, puis saupoudrer de fromage et assaisonner de sel et de poivre. Rouler la pâte en forme de saucisse allongée, puis la couper en tranches de 1/2 cm et la déposer sur une plaque à biscuits humidifiée. Cuire au four préchauffé à 220°C/425°F/thermostat 7 pendant environ 10 minutes jusqu'à ce qu'ils soient gonflés et dorés.

Biscuits à la tomate et aux herbes

il y a 12 ans

8 oz/2 tasses/225 g de farine ordinaire (tout usage)

5 ml/1 cuillère à café de sucre en poudre (superfin)

2,5 ml/½ cuillère à café de sel

40 ml/2½ cuillères à soupe de levure chimique

100 g/4 oz/½ tasse de beurre ou de margarine

30 ml/2 cuillères à soupe de lait

30 ml/2 cuillères à soupe d'eau

4 tomates mûres, pelées, épépinées et hachées

45 ml/3 cuillères à soupe de basilic frais haché

Mélanger la farine, le sucre, le sel et la levure chimique. Frotter dans du beurre ou de la margarine jusqu'à ce que le mélange ressemble à de la chapelure. Ajouter le lait, l'eau, les tomates et le basilic et mélanger jusqu'à consistance lisse. Pétrir quelques secondes sur un plan légèrement fariné, puis étaler à 1/2,5 cm d'épaisseur et trancher à l'emporte-pièce. Placer les biscuits bien espacés sur une plaque à pâtisserie graissée (biscuit) et cuire dans un four préchauffé à 230°C/425°F/gaz niveau 7 pendant 15 minutes jusqu'à ce qu'ils soient gonflés et dorés.

Pain blanc de base

Donne trois pains de 1 lb/450 g

1 oz/25 g de levure fraîche ou 2½ cuillères à soupe/40 ml de levure sèche

10 ml/2 cuillères à café de sucre

900 ml/1½ pts/3¾ tasses d'eau tiède

1 oz/25 g/2 cuillères à soupe de shortening (shortening végétal)

1,5 kg/3 lb/12 tasses de farine forte régulière (pain)

15 ml/1 cuillère à soupe de sel

Mélanger la levure avec le sucre et un peu d'eau tiède et laisser dans un endroit chaud pendant 20 minutes jusqu'à consistance mousseuse. Frottez le saindoux dans la farine et le sel, puis ajoutez le mélange de levure et suffisamment d'eau restante pour mélanger jusqu'à ce que vous ayez une pâte ferme qui laisse les côtés du bol propres. Pétrir sur une surface légèrement farinée ou au robot culinaire jusqu'à ce qu'il soit élastique et ne colle plus. Placer la pâte dans un bol huilé, couvrir d'un film alimentaire huilé (pellicule plastique) et laisser dans un endroit chaud pendant environ 1 heure jusqu'à ce qu'elle double de volume et qu'elle soit élastique au toucher.

Re-pétrir la pâte jusqu'à ce qu'elle soit ferme, diviser en trois et placer dans des moules à pain graissés de 1 lb / 450 g ou façonner les pains de votre choix. Couvrir et laisser lever dans un endroit chaud pendant environ 40 minutes jusqu'à ce que la pâte lève juste au-dessus du dessus des ramequins.

Cuire dans un four préchauffé à 230°C/450°F/niveau de gaz 8 pendant 30 minutes jusqu'à ce que les pains commencent à rétrécir des parois des moules et soient dorés et fermes, et sonnent creux lorsqu'on les tape sur le fond.

bagels

il y a 12 ans

½ oz/15 g de levure fraîche ou 4 c. à thé/20 ml de levure sèche

5 ml/1 cuillère à café de sucre en poudre (superfin)

300 ml/½ pt/1¼ tasse de lait chaud

2 oz/50 g/¼ tasse de beurre ou de margarine

1 lb/4 tasses/450 g de farine forte ordinaire (pain)

Une pincée de sel

1 jaune d'oeuf

30 ml/2 cuillères à soupe de graines de pavot

Mélangez la levure avec le sucre et un peu de lait tiède et laissez reposer 20 minutes dans un endroit chaud jusqu'à ce qu'elle mousse. Étalez le beurre ou la margarine avec la farine et le sel et faites un puits au centre. Ajouter le mélange de levure, le lait chaud restant et le jaune d'œuf et mélanger jusqu'à consistance lisse. Pétrir jusqu'à ce que la pâte soit élastique et ne colle plus. Placer dans un bol huilé, couvrir d'un film alimentaire huilé (pellicule plastique) et laisser dans un endroit chaud pendant environ 1 heure jusqu'à ce qu'elle double de volume.

Pétrissez légèrement la pâte, puis coupez-la en 12 morceaux. Rouler chacun en une longue bande d'environ 15 cm/6 pouces de long et torsader pour former un anneau. Placer sur une plaque à biscuits graissée, couvrir et laisser lever pendant 15 minutes.

Porter une grande casserole d'eau à ébullition, puis réduire le feu pour laisser mijoter. Plongez un anneau dans l'eau frémissante et faites cuire pendant 3 minutes en retournant une fois, puis retirez et placez sur une plaque à pâtisserie (à biscuits). Continuer avec les bagels restants. Saupoudrez les bagels de graines de pavot et faites cuire dans un four préchauffé à 230°C/450°F/gaz niveau 8 pendant 20 minutes, jusqu'à ce qu'ils soient dorés.

baps

il y a 12 ans

1 oz/25 g de levure fraîche ou 2½ cuillères à soupe/40 ml de levure sèche

5 ml/1 cuillère à café de sucre en poudre (superfin)

150 ml/¼ pt/2/3 tasse de lait chaud

2 oz/50 g/¼ tasse de shortening (shortening végétal)

1 lb/4 tasses/450 g de farine forte ordinaire (pain)

5 ml/1 cuillère à café de sel

150 ml/¼ pt/2/3 tasse d'eau tiède

Mélangez la levure avec le sucre et un peu de lait tiède et laissez reposer 20 minutes dans un endroit chaud jusqu'à ce qu'elle mousse. Frottez le saindoux dans la farine, puis ajoutez le sel et faites un puits au centre. Ajouter le mélange de levure, le reste du lait et l'eau et mélanger jusqu'à consistance lisse. Pétrir jusqu'à ce qu'il soit élastique et ne colle plus. Placer dans un bol graissé et couvrir d'un film alimentaire graissé (pellicule plastique). Laisser dans un endroit chaud pendant environ 1 heure jusqu'à ce qu'elle double de volume.

Façonner la pâte en 12 rouleaux plats et les placer sur une plaque à pâtisserie graissée (à biscuits). Laisser lever 15 minutes.

Cuire dans un four préchauffé à 230°C/450°F/gaz niveau 8 pendant 15 à 20 minutes jusqu'à ce qu'ils soient gonflés et dorés.

Pain d'orge crémeux

Donne un pain de 900g/2lb

½ oz/15 g de levure fraîche ou 4 c. à thé/20 ml de levure sèche

une pincée de sucre

12 fl oz/350 ml/1½ tasse d'eau tiède

14 oz/400 g/3½ tasses de farine forte ordinaire (pain)

175g/6oz/1½ tasses de farine d'orge

Une pincée de sel

45 ml/3 cuillères à soupe de crème liquide (légère)

Mélanger la levure avec le sucre et un peu d'eau tiède et laisser dans un endroit chaud pendant 20 minutes jusqu'à consistance mousseuse. Mélanger les farines et le sel dans un bol, ajouter le mélange de levure, la crème et l'eau restante et mélanger jusqu'à l'obtention d'une pâte ferme. Pétrissez jusqu'à consistance lisse et ne colle plus. Placer dans un bol huilé, couvrir d'un film alimentaire huilé (pellicule plastique) et laisser dans un endroit chaud pendant environ 1 heure jusqu'à ce qu'elle double de volume.

Pétrir légèrement à nouveau, puis façonner dans un moule à pain graissé de 2 lb/900 g (moule), couvrir et laisser dans un endroit chaud pendant 40 minutes jusqu'à ce que la pâte ait dépassé le haut du moule.

Cuire dans un four préchauffé à 220°C/425°F/thermostat 7 pendant 10 minutes, puis réduire la température du four à 190°C/375°F/thermostat 5 et cuire encore 25 minutes jusqu'à ce qu'ils soient dorés et troués. -Sounding lorsque la base est touchée.

Pain à la bière

Donne un pain de 900g/2lb

450 g/1 lb/4 tasses de farine auto-levante

5 ml/1 cuillère à café de sel

12 fl oz/350 ml/1½ tasse de bière blonde

Mélanger les ingrédients jusqu'à obtenir une pâte lisse. Former dans un moule à pain graissé de 2 lb/900 g, couvrir et laisser lever dans un endroit chaud pendant 20 minutes. Cuire dans un four préchauffé à 190°C/375°F/thermostat 5 pendant 45 minutes jusqu'à ce qu'ils soient dorés et sonnent creux quand on tape sur le fond.

pain brun boston

Donne trois pains de 1 lb/450 g

100g/4oz/1 tasse de farine de seigle

4 oz/100 g/1 tasse de semoule de maïs

4 oz/100 g/1 tasse de farine de blé entier (blé entier)

5 ml/1 cuillère à café de bicarbonate de soude (bicarbonate de sodium)

5 ml/1 cuillère à café de sel

9 oz/250 g/¾ tasse de mélasse verte (mélasse)

500 ml/16 fl oz/2 tasses de babeurre

6 oz/175 g/1 tasse de raisins secs

Mélanger les ingrédients secs, puis ajouter la mélasse, le babeurre et les raisins secs et mélanger jusqu'à consistance lisse. Verser le mélange dans trois bols à pudding graissés de 1 lb/450 g, tapisser de papier sulfurisé (ciré) et de papier d'aluminium et attacher avec de la ficelle pour sceller le dessus. Placer dans une grande casserole et remplir avec suffisamment d'eau chaude pour arriver à mi-hauteur des parois des bols. Porter l'eau à ébullition, couvrir la casserole et laisser mijoter 2h30 en rajoutant de l'eau bouillante au besoin. Retirer les bols du moule et laisser refroidir légèrement. Servir chaud avec du beurre.

Pots de son

il y a 3

1 oz/25 g de levure fraîche ou 2½ cuillères à soupe/40 ml de levure sèche

5 ml/1 cuillère à café de sucre

600ml/1pt/2½ tasses d'eau tiède

675 g/1½ lb/6 tasses de farine de blé entier (blé entier)

1 oz/25 g/¼ tasse de farine de soja

5 ml/1 cuillère à café de sel

50 g/2 oz/1 tasse de son

lait à glacer

45 ml/3 cuillères à soupe de blé concassé

Vous aurez besoin de trois nouveaux pots en argile propres de 13 cm/5 pouces. Beurrez-les bien et faites-les cuire à four chaud pendant 30 minutes pour éviter qu'ils ne se fissurent.

Mélanger la levure avec le sucre et un peu d'eau tiède et laisser reposer jusqu'à consistance mousseuse. Mélanger les farines, le sel et le son et faire un trou au centre. Mélanger le mélange eau chaude-levure et pétrir en une pâte ferme. Transférer sur une surface farinée et pétrir pendant environ 10 minutes jusqu'à consistance lisse et élastique. Sinon, vous pouvez le faire dans un robot culinaire. Placer la pâte dans un bol propre, couvrir d'un film alimentaire huilé (film plastique) et laisser lever dans un endroit chaud pendant environ 1 heure jusqu'à ce qu'elle double de volume.

Transférer sur une surface farinée et pétrir à nouveau pendant 10 minutes. Former les trois pots graissés, couvrir et laisser lever pendant 45 minutes jusqu'à ce que la pâte lève au-dessus des pots.

Badigeonner la pâte de lait et saupoudrer de blé concassé. Cuire au four préchauffé à 230°C/450°F/thermostat 8 pendant 15 minutes. Baissez la température du four à 200°C/400°F/niveau de gaz 6 et faites cuire encore 30 minutes jusqu'à ce qu'ils soient juste gonflés et fermes. Démouler et laisser refroidir.

petits pains au beurre

il y a 12 ans

1 lb/450 g de pâte à pain blanche de base

100 g/4 oz/½ tasse de beurre ou de margarine, coupé en dés

Préparez la pâte à pain et laissez-la lever jusqu'à ce qu'elle double de volume et soit élastique au toucher.

Pétrir à nouveau la pâte et incorporer le beurre ou la margarine. Façonner en 12 rouleaux et les placer bien espacés sur une plaque à biscuits graissée. Couvrir d'un film alimentaire huilé (pellicule plastique) et laisser lever dans un endroit chaud pendant environ 1 heure jusqu'à ce qu'elle double de volume.

Cuire dans un four préchauffé à 230°C/450°F/gaz niveau 8 pendant 20 minutes jusqu'à ce qu'ils soient dorés et sonnent creux quand on tape sur le fond.

pain au babeurre

Donne un pain de 1½ lb/675 g

450 g/1 lb/4 tasses de farine ordinaire (tout usage)

5 ml/1 cuillère à café de crème de tartre

5 ml/1 cuillère à café de bicarbonate de soude (bicarbonate de sodium)

250 ml/8 oz/1 tasse de babeurre

Mélanger la farine, la crème de tartre et le bicarbonate de soude dans un bol et faire un puits au centre. Ajouter suffisamment de babeurre pour mélanger jusqu'à consistance lisse. Façonner en rond et déposer sur une plaque à biscuits graissée. Cuire dans un four préchauffé à 220°C/425°F/gaz niveau 7 pendant 20 minutes jusqu'à ce qu'ils soient bien gonflés et dorés.

Pain de Maïs Canadien

Donne un pain de 23 cm/9 po.

1¼ tasse/5 oz/150 g de farine ordinaire (tout usage)

3 oz/75 g/¾ tasse de semoule de maïs

15 ml/1 cuillère à soupe de levure chimique

2,5 ml/½ cuillère à café de sel

100g/4oz/1/3 tasse de sirop d'érable

100g/4oz/½ tasse de shortening (ghee), fondu

2 oeufs battus

Mélanger les ingrédients secs ensemble, puis incorporer le sirop, le saindoux et les œufs et remuer jusqu'à ce que le tout soit bien mélangé. Verser dans un moule graissé de 23 cm/9 pouces et cuire dans un four préchauffé à 220°C/425°F/gaz niveau 7 pendant 25 minutes jusqu'à ce qu'il soit bien gonflé et doré et qu'il commence à rétrécir sur les côtés. . De la boîte

petits pains de cornouailles

il y a 12 ans

1 oz/25 g de levure fraîche ou 2½ cuillères à soupe/40 ml de levure sèche

15 ml/1 cuillère à soupe de sucre en poudre (superfin)

300 ml/½ pt/1¼ tasse de lait chaud

2 oz/50 g/¼ tasse de beurre ou de margarine

1 lb/4 tasses/450 g de farine forte ordinaire (pain)

Une pincée de sel

Mélangez la levure avec le sucre et un peu de lait tiède et laissez reposer 20 minutes dans un endroit chaud jusqu'à ce qu'elle mousse. Étalez le beurre ou la margarine avec la farine et le sel et faites un puits au centre. Ajouter le mélange de levure et le reste du lait et mélanger jusqu'à consistance lisse. Pétrir jusqu'à ce qu'il soit élastique et ne colle plus. Placer dans un bol graissé et couvrir d'un film alimentaire graissé (pellicule plastique). Laisser dans un endroit chaud pendant environ 1 heure jusqu'à ce qu'elle double de volume.

Façonner la pâte en 12 rouleaux plats et les placer sur une plaque à pâtisserie graissée (à biscuits). Couvrir d'un film transparent huilé et laisser lever 15 minutes.

Cuire dans un four préchauffé à 230°C/450°F/gaz niveau 8 pendant 15 à 20 minutes jusqu'à ce qu'ils soient gonflés et dorés.

Pain plat campagnard

Donne six petits pains.

10 ml/2 cuillères à café de levure sèche

15 ml/1 cuillère à soupe de miel léger

120 ml/4 oz/½ tasse d'eau tiède

12 oz/350 g/3 tasses de farine forte ordinaire (pain)

5 ml/1 cuillère à café de sel

2 oz/50 g/¼ tasse de beurre ou de margarine

5 ml/1 cuillère à café de graines de carvi

5 ml/1 cuillère à café de coriandre moulue

5 ml/1 cuillère à café de cardamome moulue

120 ml/4 fl oz/½ tasse de lait chaud

60 ml/4 cuillères à soupe de graines de sésame

Mélanger la levure et le miel avec 45 ml/3 cuillères à soupe d'eau tiède et 15 ml/1 cuillère à soupe de farine et laisser reposer environ 20 minutes dans un endroit chaud jusqu'à ce qu'il mousse. Mélanger le reste de farine avec le sel, puis incorporer le beurre ou la margarine et ajouter les graines de carvi, la coriandre et la cardamome et faire un puits au centre. Mélangez le mélange de levure, l'eau restante et suffisamment de lait pour obtenir une pâte lisse. Bien pétrir jusqu'à ce qu'il soit ferme et ne colle plus. Placer dans un récipient huilé, couvrir d'un film alimentaire huilé (pellicule plastique) et laisser dans un endroit chaud pendant environ 30 minutes jusqu'à ce qu'il double de volume.

Re-pétrir la pâte, puis former des galettes. Placer sur une plaque à pâtisserie graissée (à biscuits) et badigeonner de lait. Saupoudrer de graines de sésame. Couvrir d'un film transparent huilé et laisser lever 15 minutes.

Cuire dans un four préchauffé à 200°C/400°F/thermostat 6 pendant 30 minutes jusqu'à ce qu'ils soient dorés.

Tresse Pays aux graines de pavot

Donne un pain de 1 lb/450g

10 oz/275 g/2½ tasses de farine ordinaire (tout usage)

1 oz/25 g/2 cuillères à soupe de sucre en poudre (superfin)

5 ml/1 cuillère à café de sel

10 ml / 2 cuillères à café de levure sèche facile à mélanger

175 ml/6 oz liq./¾ tasse de lait

1 oz/25 g/2 cuillères à soupe de beurre ou de margarine

1 oeuf

Un peu de lait ou de blanc d'oeuf pour dorer

30 ml/2 cuillères à soupe de graines de pavot

Mélanger la farine, le sucre, le sel et la levure. Faire chauffer le lait avec le beurre ou la margarine, puis mélanger la farine avec l'œuf et pétrir en une pâte ferme. Pétrir jusqu'à ce qu'il soit élastique et ne colle plus. Placer dans un bol huilé, couvrir d'un film alimentaire huilé (pellicule plastique) et laisser dans un endroit chaud pendant environ 1 heure jusqu'à ce qu'elle double de volume.

Pétrir à nouveau et former trois boudins d'environ 20 cm de long. Humidifiez une extrémité de chaque bande et pressez ensemble, puis tressez les bandes, humidifiez et scellez les extrémités. Placer sur une plaque à pâtisserie (à biscuits) graissée, couvrir d'un film alimentaire graissé et laisser lever pendant environ 40 minutes jusqu'à ce qu'elle ait doublé de volume.

Badigeonner de lait ou de blanc d'œuf et saupoudrer de graines de pavot. Cuire au four préchauffé à 190°C/375°F/thermostat 5 pendant environ 45 minutes jusqu'à ce qu'ils soient dorés.

Pain de campagne complet

Donne deux pains de 1 lb/450 g

20 ml/4 cuillères à café de levure sèche

5 ml/1 cuillère à café de sucre en poudre (superfin)

600ml/1pt/2½ tasses d'eau tiède

1 oz/25 g/2 cuillères à soupe de shortening (shortening végétal)

1¾ lb/7 tasses de farine de blé entier (blé entier)

10 ml/2 cuillères à café de sel

10 ml/2 cuillères à café d'extrait de malt

1 œuf battu

1 oz/25 g/¼ tasse de blé concassé

Mélanger la levure avec le sucre et un peu d'eau tiède et laisser reposer environ 20 minutes jusqu'à consistance mousseuse. Frotter la graisse dans la farine, le sel et l'extrait de malt et faire un puits au centre. Ajouter le mélange de levure et le reste d'eau tiède et mélanger jusqu'à l'obtention d'une pâte lisse. Bien pétrir jusqu'à ce qu'il soit élastique et ne colle plus. Placer dans un bol huilé, couvrir d'un film alimentaire huilé (pellicule plastique) et laisser dans un endroit chaud pendant environ 1 heure jusqu'à ce qu'elle double de volume.

Re-pétrir la pâte et former deux moules à pain graissés de 1 lb/450 g. Laisser lever dans un endroit chaud pendant environ 40 minutes jusqu'à ce que la pâte lève juste au-dessus du dessus des moules.

Badigeonnez généreusement le dessus des pains d'œuf et saupoudrez de blé concassé. Cuire dans un four préchauffé à 230°C/450°F/thermostat 8 pendant environ 30 minutes jusqu'à ce qu'ils soient dorés et sonnent creux quand on tape sur le fond.

tresses au curry

Donne deux pains de 1 lb/450 g

120 ml/4 oz/½ tasse d'eau tiède

30 ml/2 cuillères à soupe de levure sèche

8 oz/225 g/2/3 tasse de miel léger

1 oz/25 g/2 cuillères à soupe de beurre ou de margarine

30 ml/2 cuillères à soupe de poudre de curry

675 g/1½ lb/6 tasses de farine ordinaire (tout usage)

10 ml/2 cuillères à café de sel

450 ml/¾ pt/2 tasses de babeurre

1 oeuf

10 ml/2 cuillères à café d'eau

45 ml/3 cuillères à soupe d'amandes effilées (tranchées)

Mélanger l'eau avec la levure et 5 ml/1 cuillère à café de miel et laisser reposer pendant 20 minutes jusqu'à ce qu'il soit mousseux. Faire fondre le beurre ou la margarine, puis ajouter le curry en poudre et laisser mijoter 1 minute. Ajouter le miel restant et retirer du feu. Dans un bol, nous mettons la moitié de la farine et le sel et faisons un trou au centre. Ajouter le mélange de levure, le mélange de miel et le babeurre et ajouter graduellement le reste de la farine tout en mélangeant jusqu'à consistance lisse. Pétrir jusqu'à consistance lisse et élastique. Placer dans un récipient huilé, couvrir d'un film alimentaire huilé et laisser dans un endroit chaud pendant environ 1 heure jusqu'à ce qu'elle double de volume.

Pétrissez à nouveau et divisez la pâte en deux. Coupez chaque morceau en trois et roulez-les en boudins de 20 cm. Humidifiez une extrémité de chaque bande et pressez ensemble en deux lots de trois pour sceller. Tressez les deux ensembles de bandes ensemble et scellez les extrémités. Placer sur une plaque à pâtisserie graissée (à biscuits), couvrir d'un film alimentaire graissé (pellicule plastique) et laisser lever pendant environ 40 minutes jusqu'à ce qu'elle ait doublé de volume.

Battre l'œuf avec l'eau et badigeonner le pain, puis saupoudrer d'amandes. Cuire dans un four préchauffé à 190°C/375°F/gaz niveau 5 pendant 40 minutes, jusqu'à ce qu'ils soient dorés et sonnent creux quand on tape sur le fond.

Départements du Devon

il y a 12 ans

1 oz/25 g de levure fraîche ou 2½ cuillères à soupe/40 ml de levure sèche

5 ml/1 cuillère à café de sucre en poudre (superfin)

150 ml/¼ pt/2/3 tasse de lait chaud

2 oz/50 g/¼ tasse de beurre ou de margarine

1 lb/4 tasses/450 g de farine forte ordinaire (pain)

150 ml/¼ pt/2/3 tasse d'eau tiède

Mélangez la levure avec le sucre et un peu de lait tiède et laissez reposer 20 minutes dans un endroit chaud jusqu'à ce qu'elle mousse. Frottez le beurre ou la margarine dans la farine et faites un puits au centre. Ajouter le mélange de levure, le reste du lait et l'eau et mélanger jusqu'à consistance lisse. Pétrir jusqu'à ce qu'il soit élastique et ne colle plus. Placer dans un bol graissé et couvrir d'un film alimentaire graissé (pellicule plastique). Laisser dans un endroit chaud pendant environ 1 heure jusqu'à ce qu'elle double de volume.

Façonner la pâte en 12 rouleaux plats et les placer sur une plaque à pâtisserie graissée (à biscuits). Laisser lever 15 minutes.

Cuire dans un four préchauffé à 230°C/450°F/gaz niveau 8 pendant 15 à 20 minutes jusqu'à ce qu'ils soient bien gonflés et dorés.

Pain aux germes de blé aux fruits

Donne un pain de 900g/2lb

8 oz/2 tasses/225 g de farine ordinaire (tout usage)

5 ml/1 cuillère à café de sel

5 ml/1 cuillère à café de bicarbonate de soude (bicarbonate de sodium)

5 ml/1 cuillère à café de levure chimique

175 g/6 oz/1½ tasse de germe de blé

4 oz/100 g/1 tasse de semoule de maïs

4 oz/100 g/1 tasse de flocons d'avoine

12 oz/350 g/2 tasses de raisins secs (raisins dorés)

1 oeuf, légèrement battu

250 ml/8 oz/1 tasse de yogourt nature

150 ml/¼ pt/2/3 tasse de mélasse verte (mélasse)

60 ml/4 cuillères à soupe de sirop doré (maïs clair)

30 ml/2 cuillères à soupe d'huile

Mélanger les ingrédients secs et les raisins secs et faire un puits au centre. Mélanger l'œuf, le yaourt, la mélasse, le sirop et l'huile, puis ajouter les ingrédients secs et mélanger jusqu'à consistance lisse. Façonner dans un moule à pain graissé de 2 lb/900 g et cuire dans un four préchauffé à 180°C/350°F/gaz niveau 4 pendant 1 heure jusqu'à consistance ferme au toucher. Laisser refroidir dans le moule pendant 10 minutes avant de démouler sur une grille pour terminer le refroidissement.

Tresses de lait fruité

Donne deux pains de 1 lb/450 g

½ oz/15 g de levure fraîche ou 4 c. à thé/20 ml de levure sèche

5 ml/1 cuillère à café de sucre en poudre (superfin)

450 ml/¾ pt/2 tasses de lait chaud

2 oz/50 g/¼ tasse de beurre ou de margarine

675 g/1½ lb/6 tasses de farine ordinaire (tout usage)

Une pincée de sel

100g/4oz/2/3 tasse de raisins secs

1 oz/25 g/3 cuillères à soupe de groseilles

1 oz/25 g/3 cuillères à soupe de zeste mélangé (confit) haché

lait à glacer

Mélanger la levure avec le sucre et un peu de lait chaud. Laisser reposer dans un endroit chaud pendant environ 20 minutes jusqu'à ce qu'il soit mousseux. Étalez le beurre ou la margarine avec la farine et le sel, ajoutez les raisins secs, les raisins de Corinthe et la peau mélangée et faites un puits au centre. Mélanger le reste du mélange de lait chaud et de levure et pétrir en une pâte lisse mais non collante. Placer dans un bol graissé et couvrir d'un film alimentaire graissé (pellicule plastique). Laisser dans un endroit chaud pendant environ 1 heure jusqu'à ce qu'elle double de volume.

Pétrir à nouveau légèrement, puis diviser en deux. Diviser chaque moitié en trois et rouler en forme de boudin. Humidifiez une extrémité de chaque rouleau et pressez doucement trois ensemble, puis tressez la pâte, humidifiez et scellez les extrémités. Répéter avec l'autre tresse de pâte. Placer sur une plaque à pâtisserie graissée (à biscuits), couvrir d'un film alimentaire graissé (pellicule plastique) et laisser lever environ 15 minutes.

Badigeonnez d'un peu de lait, puis faites cuire dans un four préchauffé à 200°C/400°F/gaz niveau 6 pendant 30 minutes jusqu'à ce qu'ils soient dorés et sonnent creux quand on tape sur le fond.

pain de grenier

Donne deux pains de 900 g/2 lb

1 oz/25 g de levure fraîche ou 2½ cuillères à soupe/40 ml de levure sèche

5 ml/1 cuillère à café de miel

450 ml/¾ pt/2 tasses d'eau tiède

12 oz/350 g/3 tasses de farine de grenier

12 oz/350 g/3 tasses de farine de blé entier (blé entier)

15 ml/1 cuillère à soupe de sel

½ oz/15 g/1 cuillère à soupe de beurre ou de margarine

Mélangez la levure avec le miel et un peu d'eau tiède et laissez reposer dans un endroit chaud pendant environ 20 minutes jusqu'à ce qu'elle mousse. Mélanger les farines et le sel et incorporer le beurre ou la margarine. Mélanger le mélange de levure et suffisamment d'eau tiède pour obtenir une pâte lisse. Pétrir sur une surface légèrement farinée jusqu'à consistance lisse et non collante. Placer dans un bol huilé, couvrir d'un film alimentaire huilé (pellicule plastique) et laisser dans un endroit chaud pendant environ 1 heure jusqu'à ce qu'elle double de volume.

Re-pétrir et façonner dans deux moules à pain graissés de 2 lb/900 g. Couvrir d'un film transparent huilé et laisser lever jusqu'à ce que la pâte atteigne le haut des moules.

Cuire dans un four préchauffé à 220°C/425°F/gaz niveau 7 pendant 25 minutes, jusqu'à ce qu'ils soient dorés et sonnent creux quand on tape sur le fond.

petits pains de grange

il y a 12 ans

½ oz/15 g de levure fraîche ou 2½ cuillères à soupe/20 ml de levure sèche

5 ml/1 cuillère à café de sucre en poudre (superfin)

300 ml/½ pt/1¼ tasse d'eau tiède

450 g/1 lb/4 tasses de farine de grenier

5 ml/1 cuillère à café de sel

5 ml/1 cuillère à soupe d'extrait de malt

30 ml/2 cuillères à soupe de blé concassé

Mélangez la levure avec le sucre et un peu d'eau tiède et laissez dans un endroit chaud jusqu'à ce qu'elle mousse. Incorporer la farine et le sel, puis incorporer le mélange de levure, le reste d'eau tiède et l'extrait de malt. Pétrir sur une surface légèrement farinée jusqu'à consistance lisse et élastique. Placer dans un bol huilé, couvrir d'un film alimentaire huilé (pellicule plastique) et laisser dans un endroit chaud pendant environ 1 heure jusqu'à ce qu'elle double de volume.

Pétrir légèrement, puis former des rouleaux et les déposer sur une plaque à biscuits graissée. Badigeonner d'eau et saupoudrer de blé concassé. Couvrir d'un film transparent huilé et laisser reposer dans un endroit chaud environ 40 minutes jusqu'à ce qu'elle double de volume.

Cuire dans un four préchauffé à 220°C/425°F/gaz niveau 7 pendant 10 à 15 minutes jusqu'à ce que ça sonne creux quand on tape sur le fond.

Pain aux Greniers aux Noisettes

Donne un pain de 900g/2lb

½ oz/15 g de levure fraîche ou 4 c. à thé/20 ml de levure sèche

5 ml / 1 cuillère à café de cassonade douce

450 ml/¾ pt/2 tasses d'eau tiède

450 g/1 lb/4 tasses de farine de grenier

1½ tasse/6 oz/175 g de farine forte régulière (pain)

5 ml/1 cuillère à café de sel

15 ml/1 cuillère à soupe d'huile d'olive

4 oz/100 g/1 tasse de noisettes, hachées grossièrement

Mélanger la levure avec le sucre et un peu d'eau tiède et laisser dans un endroit chaud pendant 20 minutes jusqu'à consistance mousseuse. Mélangez les farines et le sel dans un bol, ajoutez le mélange de levure, l'huile et le reste d'eau tiède et mélangez jusqu'à obtention d'une pâte ferme. Pétrissez jusqu'à consistance lisse et ne colle plus. Placer dans un bol huilé, couvrir d'un film alimentaire huilé (pellicule plastique) et laisser dans un endroit chaud pendant environ 1 heure jusqu'à ce qu'elle double de volume.

Pétrissez à nouveau légèrement et ajoutez les noix, puis formez un moule à pain graissé de 900 g/2 lb, couvrez d'un film alimentaire huilé et laissez dans un endroit chaud pendant 30 minutes jusqu'à ce que la pâte ait levé au-dessus du moule.

Cuire dans un four préchauffé à 220°C/425°F/gaz niveau 7 pendant 30 minutes jusqu'à ce qu'ils soient dorés et sonnent creux lorsque l'on tape sur le fond.

Grissini

il y a 12 ans

1 oz/25 g de levure fraîche ou 2½ cuillères à soupe/40 ml de levure sèche

15 ml/1 cuillère à soupe de sucre en poudre (superfin)

120 ml/4 fl oz/½ tasse de lait chaud

1 oz/25 g/2 cuillères à soupe de beurre ou de margarine

1 lb/4 tasses/450 g de farine forte ordinaire (pain)

10 ml/2 cuillères à café de sel

Mélangez la levure avec 5 ml/1 cuillère à café de sucre et un peu de lait chaud et laissez reposer 20 minutes dans un endroit chaud jusqu'à ce qu'elle soit mousseuse. Faire fondre le reste du beurre et du sucre dans le reste du lait tiède. Dans un bol, nous mettons la farine et le sel et faisons un trou au centre. Versez le mélange de levure et de lait et mélangez pour former une pâte humide. Pétrir jusqu'à consistance lisse. Placer dans un bol huilé, couvrir d'un film alimentaire huilé (pellicule plastique) et laisser dans un endroit chaud pendant environ 1 heure jusqu'à ce qu'elle double de volume.

Pétrir légèrement, puis diviser en 12 et étaler en longs bâtonnets fins et déposer, bien espacés, sur une plaque à biscuits graissée. Couvrir d'un film transparent huilé et laisser lever dans un endroit chaud pendant 20 minutes.

Badigeonner les gressins d'eau, puis cuire dans un four préchauffé à 220°C/425°F/gaz niveau 7 pendant 10 minutes, puis baisser la température du four à 180°C/350°F/gaz niveau 4 et cuire encore 20 minutes minutes jusqu'à ce qu'ils soient croustillants.

tresse de récolte

Donne un pain de 1¼ lb/550 g

1 oz/25 g de levure fraîche ou 2½ cuillères à soupe/40 ml de levure sèche

1 oz/25 g/2 cuillères à soupe de sucre en poudre (superfin)

150 ml/¼ pt/2/3 tasse de lait chaud

2 oz/50 g/¼ tasse de beurre ou de margarine, fondu

1 œuf battu

450 g/1 lb/4 tasses de farine ordinaire (tout usage)

Une pincée de sel

30 ml/2 cuillères à soupe de groseilles

2,5 ml/½ cuillère à café de cannelle moulue

5 ml/1 cuillère à café de zeste de citron râpé

lait à glacer

Mélangez la levure avec 2,5 ml/½ cuillère à café de sucre et un peu de lait tiède et laissez reposer dans un endroit chaud pendant environ 20 minutes jusqu'à ce qu'elle soit mousseuse. Mélanger le lait restant avec le beurre ou la margarine et laisser refroidir légèrement. Mélanger avec l'œuf. Mettre le reste des ingrédients dans un bol et faire un trou au centre. Ajouter les mélanges de lait et de levure et mélanger jusqu'à consistance lisse. Pétrir jusqu'à ce qu'il soit élastique et ne colle plus. Placer dans un bol graissé et couvrir d'un film alimentaire graissé (pellicule plastique). Laisser dans un endroit chaud pendant environ 1 heure jusqu'à ce qu'elle double de volume.

Diviser la pâte en trois et rouler en bandes. Humidifiez une extrémité de chaque bande et scellez les extrémités, puis tressez et humidifiez et fixez les autres extrémités. Placer sur une plaque à pâtisserie graissée, couvrir d'un film alimentaire huilé et laisser dans un endroit chaud pendant 15 minutes.

Badigeonnez d'un peu de lait et faites cuire dans un four préchauffé à 220°C/425°F/gaz niveau 7 pendant 15 à 20 minutes jusqu'à ce qu'ils soient dorés et sonnent creux quand on tape sur le fond.

pain au lait

Donne deux pains de 1 lb/450 g

½ oz/15 g de levure fraîche ou 4 c. à thé/20 ml de levure sèche

5 ml/1 cuillère à café de sucre en poudre (superfin)

450 ml/¾ pt/2 tasses de lait chaud

2 oz/50 g/¼ tasse de beurre ou de margarine

675 g/1½ lb/6 tasses de farine ordinaire (tout usage)

Une pincée de sel

lait à glacer

Mélanger la levure avec le sucre et un peu de lait chaud. Laisser reposer dans un endroit chaud pendant environ 20 minutes jusqu'à ce qu'il soit mousseux. Étalez le beurre ou la margarine avec la farine et le sel et faites un puits au centre. Mélanger le reste du mélange de lait chaud et de levure et pétrir en une pâte lisse mais non collante. Placer dans un bol graissé et couvrir d'un film alimentaire graissé (pellicule plastique). Laisser dans un endroit chaud pendant environ 1 heure jusqu'à ce qu'elle double de volume.

Pétrir légèrement à nouveau, puis répartir le mélange entre deux moules à pain (plateaux) graissés de 1 lb/450g, couvrir d'un film alimentaire huilé et laisser lever pendant environ 15 minutes jusqu'à ce que la pâte soit juste au-dessus du haut des moules.

Badigeonnez d'un peu de lait, puis faites cuire dans un four préchauffé à 200°C/400°F/gaz niveau 6 pendant 30 minutes jusqu'à ce qu'ils soient dorés et sonnent creux quand on tape sur le fond.

pain aux fruits avec du lait

Donne deux pains de 1 lb/450 g

½ oz/15 g de levure fraîche ou 4 c. à thé/20 ml de levure sèche

5 ml/1 cuillère à café de sucre en poudre (superfin)

450 ml/¾ pt/2 tasses de lait chaud

2 oz/50 g/¼ tasse de beurre ou de margarine

675 g/1½ lb/6 tasses de farine ordinaire (tout usage)

Une pincée de sel

100g/4oz/2/3 tasse de raisins secs

lait à glacer

Mélanger la levure avec le sucre et un peu de lait chaud. Laisser reposer dans un endroit chaud pendant environ 20 minutes jusqu'à ce qu'il soit mousseux. Étaler le beurre ou la margarine avec la farine et le sel, ajouter les raisins secs et faire un puits au centre. Mélanger le reste du mélange de lait chaud et de levure et pétrir en une pâte lisse mais non collante. Placer dans un bol graissé et couvrir d'un film alimentaire graissé (pellicule plastique). Laisser dans un endroit chaud pendant environ 1 heure jusqu'à ce qu'elle double de volume.

Pétrir légèrement à nouveau, puis répartir le mélange entre deux moules à pain (plateaux) graissés de 1 lb/450g, couvrir d'un film alimentaire huilé et laisser lever pendant environ 15 minutes jusqu'à ce que la pâte soit juste au-dessus du haut des moules.

Badigeonnez d'un peu de lait, puis faites cuire dans un four préchauffé à 200°C/400°F/gaz niveau 6 pendant 30 minutes jusqu'à ce qu'ils soient dorés et sonnent creux quand on tape sur le fond.

pain gloire du matin

Donne deux pains de 1 lb/450 g

100 g/4 oz/1 tasse de grains de blé entier

15 ml/1 cuillère à soupe d'extrait de malt

450 ml/¾ pt/2 tasses d'eau tiède

1 oz/25 g de levure fraîche ou 2½ cuillères à soupe/40 ml de levure sèche

30 ml/2 cuillères à soupe de miel léger

1 oz/25 g/2 cuillères à soupe de shortening (shortening végétal)

675 g/1½ lb/6 tasses de farine de blé entier (blé entier)

¼ tasse/1 oz/25 g de lait en poudre (poudre de lait écrémé)

5 ml/1 cuillère à café de sel

Faire tremper les grains de blé entier et l'extrait de malt dans de l'eau tiède pendant une nuit.

Mélanger la levure avec un peu plus d'eau tiède et 5 ml/1 cuillère à café de miel. Laisser dans un endroit chaud pendant environ 20 minutes jusqu'à ce qu'il soit mousseux. Frottez la graisse dans la farine, le lait en poudre et le sel et faites un puits au centre. Ajouter le mélange de levure, le miel restant et le mélange de blé et mélanger jusqu'à consistance pâteuse. Bien pétrir jusqu'à consistance lisse et non collante. Placer dans un bol huilé, couvrir d'un film alimentaire huilé (pellicule plastique) et laisser dans un endroit chaud pendant environ 1 heure jusqu'à ce qu'elle double de volume.

Pétrir à nouveau la pâte, puis former deux moules à pain graissés de 1 lb/450 g. Couvrir d'un film alimentaire huilé et laisser lever dans un endroit tiède pendant 40 minutes jusqu'à ce que la pâte arrive juste au dessus des moules.

Cuire dans un four préchauffé à 200°C/425°F/gaz niveau 7 pendant environ 25 minutes jusqu'à ce qu'il lève bien et sonne creux lorsqu'on le tape sur le fond.

pain de mie

Donne deux pains de 900 g/2 lb

10 oz/300 g/2½ tasses de farine de blé entier (blé entier)

10 oz/300 g/2½ tasses de farine ordinaire (tout usage)

40 ml/2½ cuillères à soupe de levure sèche

15 ml/1 cuillère à soupe de sucre en poudre (superfin)

10 ml/2 cuillères à café de sel

500 ml/17 fl oz/2¼ tasses de lait chaud

2,5 ml/½ cuillère à café de bicarbonate de soude (bicarbonate de sodium)

15 ml/1 cuillère à soupe d'eau tiède

Mélanger les farines ensemble. Mesurer 350 g/12 oz/3 tasses de farines mélangées dans un bol et mélanger la levure, le sucre et le sel. Ajouter le lait et battre jusqu'à épaississement. Mélanger le bicarbonate de soude et l'eau et incorporer à la pâte avec le reste de la farine. Répartir le mélange dans deux moules à pain (muffins) graissés de 900 g/2 lb, couvrir et laisser lever pendant environ 1 heure jusqu'à ce qu'il double de volume.

Cuire dans un four préchauffé à 190°C/ 375°F/gaz niveau 5 pendant 1h15 jusqu'à ce qu'ils soient bien gonflés et dorés.

Pain sans levure

Donne un pain de 900g/2lb

1 lb/4 tasses de farine de blé entier (blé entier)

1½ tasse/6 oz/175 g de farine auto-levante

5 ml/1 cuillère à café de sel

30 ml/2 cuillères à soupe de sucre glace (superfin)

450 ml/¾ pt/2 tasses de lait

20 ml/4 cuillères à café de vinaigre

30 ml/2 cuillères à soupe d'huile

5 ml/1 cuillère à café de bicarbonate de soude (bicarbonate de sodium)

Mélanger les farines, le sel et le sucre et faire un puits au centre. Fouetter ensemble le lait, le vinaigre, l'huile et le bicarbonate de soude, verser dans les ingrédients secs et mélanger jusqu'à consistance lisse. Façonner dans un moule à pain graissé de 900 g/2 lb (plateau) et cuire dans un four préchauffé à 180°C/350°F/gaz niveau 4 pendant 1 heure jusqu'à ce qu'il soit doré et sonne creux lorsqu'on tape dessus .

pâte à pizza

Donne assez pour deux pizzas de 9 pouces/23 cm

½ oz/15 g de levure fraîche ou 4 c. à thé/20 ml de levure sèche

une pincée de sucre

250 ml/8 fl oz/1 tasse d'eau tiède

12 oz/350 g/3 tasses de farine ordinaire (tout usage)

Une pincée de sel

30 ml/2 cuillères à soupe d'huile d'olive

Mélanger la levure avec le sucre et un peu d'eau tiède et laisser dans un endroit chaud pendant 20 minutes jusqu'à consistance mousseuse. Mélanger la farine avec le sel et l'huile d'olive et pétrir jusqu'à consistance lisse et non collante. Placer dans un récipient huilé, couvrir d'un film alimentaire huilé (film plastique) et laisser dans un endroit chaud pendant 1 heure jusqu'à ce qu'il double de volume. Re-pétrir et façonner au besoin.

Avoine en épi

Donne un pain de 1 lb/450g

1 oz/25 g de levure fraîche ou 2½ cuillères à soupe/40 ml de levure sèche

5 ml/1 cuillère à café de sucre en poudre (superfin)

150 ml/¼ pt/2/3 tasse de lait chaud

150 ml/¼ pt/2/3 tasse d'eau tiède

14 oz/400 g/3½ tasses de farine forte ordinaire (pain)

5 ml/1 cuillère à café de sel

1 oz/25 g/2 cuillères à soupe de beurre ou de margarine

100 g/4 oz/1 tasse d'avoine moyenne

Mélanger la levure et le sucre avec le lait et l'eau et laisser dans un endroit chaud jusqu'à consistance mousseuse. Mélanger la farine et le sel ensemble, puis incorporer le beurre ou la margarine et ajouter les flocons d'avoine. Faire un puits au centre, verser le mélange de levure et mélanger jusqu'à consistance lisse. Démoulez sur une surface farinée et pétrissez pendant 10 minutes jusqu'à consistance lisse et élastique. Placer dans un bol huilé, couvrir d'un film alimentaire huilé (pellicule plastique) et laisser lever dans un endroit chaud pendant environ 1 heure jusqu'à ce qu'elle ait doublé de volume.

Re-pétrissez la pâte, puis façonnez-la en forme de pain de votre choix. Déposer sur une plaque à pâtisserie graissée (biscuits), badigeonner d'un peu d'eau, recouvrir d'un film alimentaire huilé et laisser reposer dans un endroit chaud pendant environ 40 minutes jusqu'à ce qu'elle double de volume.

Cuire dans un four préchauffé à 230°C/450°F/gaz niveau 8 pendant 25 minutes jusqu'à ce qu'ils soient bien gonflés et dorés et avec un son creux lorsque l'on tape sur le fond.

farine d'avoine

il y a 4 ans

1 oz/25 g de levure fraîche ou 2½ cuillères à soupe/40 ml de levure sèche

5 ml/1 cuillère à café de miel

300 ml/½ pt/1¼ tasse d'eau tiède

1 lb/4 tasses/450 g de farine forte ordinaire (pain)

50 g/2 oz/½ tasse d'avoine moyenne

2,5 ml/½ cuillère à café de levure chimique

Une pincée de sel

1 oz/25 g/2 cuillères à soupe de beurre ou de margarine

Mélanger la levure avec le miel et un peu d'eau tiède et laisser dans un endroit chaud pendant 20 minutes jusqu'à consistance mousseuse.

Mélanger la farine, les flocons d'avoine, la poudre à pâte et le sel et frotter avec du beurre ou de la margarine. Ajouter le mélange de levure et le reste d'eau tiède et mélanger jusqu'à l'obtention d'une pâte moyennement molle. Pétrir jusqu'à ce qu'il soit élastique et ne colle plus. Placer dans un bol huilé, couvrir d'un film alimentaire huilé (pellicule plastique) et laisser dans un endroit chaud pendant environ 1 heure jusqu'à ce qu'elle double de volume.

Pétrir à nouveau légèrement et former un cercle d'environ 3 cm/1¼ d'épaisseur. Couper en quartiers et placer, légèrement espacés mais toujours dans la forme ronde d'origine, sur une plaque à biscuits graissée. Couvrir d'un film transparent huilé et laisser lever environ 30 minutes jusqu'à ce qu'elle double de volume.

Cuire dans un four préchauffé à 200°C/400°F/gaz niveau 6 pendant 30 minutes jusqu'à ce qu'ils soient dorés et sonnent creux lorsque l'on tape sur le fond.

pain pita

il y a 6 ans

½ oz/15 g de levure fraîche ou 4 c. à thé/20 ml de levure sèche

5 ml/1 cuillère à café de sucre en poudre (superfin)

300 ml/½ pt/1¼ tasse d'eau tiède

1 lb/4 tasses/450 g de farine forte ordinaire (pain)

5 ml/1 cuillère à café de sel

Mélanger la levure, le sucre et un peu d'eau tiède et laisser dans un endroit chaud pendant 20 minutes jusqu'à ce que le mélange soit mousseux. Mélangez le mélange de levure et le reste d'eau tiède avec la farine et le sel et mélangez jusqu'à l'obtention d'une pâte ferme. Pétrir jusqu'à consistance lisse et élastique. Placer dans un bol huilé, couvrir d'un film alimentaire huilé (pellicule plastique) et laisser dans un endroit chaud pendant environ 1 heure jusqu'à ce qu'elle double de volume.

Pétrir à nouveau et diviser en six parties. Rouler en ovales d'environ ¼/5 mm d'épaisseur et déposer sur une plaque à biscuits graissée. Couvrir d'un film transparent huilé et laisser lever pendant 40 minutes jusqu'à ce qu'elle double de volume.

Cuire au four préchauffé à 230°C/450°F/thermostat 8 pendant 10 minutes jusqu'à ce qu'ils soient légèrement dorés.

pain complet rapide

Donne deux pains de 1 lb/450 g

½ oz/15 g de levure fraîche ou 4 c. à thé/20 ml de levure sèche

300 ml/½ pt/1¼ tasses de lait chaud et d'eau mélangés

15 ml/1 cuillère à soupe de mélasse verte (mélasse)

8 oz/2 tasses/225 g de farine de blé entier (blé entier)

8 oz/2 tasses/225 g de farine ordinaire (tout usage)

10 ml/2 cuillères à café de sel

1 oz/25 g/2 cuillères à soupe de beurre ou de margarine

15 ml/1 cuillère à soupe de blé concassé

Mélanger la levure avec un peu de lait chaud et d'eau et la mélasse et laisser dans un endroit chaud jusqu'à consistance mousseuse. Mélanger les farines et le sel et incorporer le beurre ou la margarine. Faire un puits au centre et y verser le mélange de levure en mélangeant jusqu'à l'obtention d'une pâte ferme. Démouler sur une surface farinée et pétrir pendant 10 minutes jusqu'à consistance lisse et élastique, ou passer au robot culinaire. Façonner en deux pains et les placer sur des moules à pain de 450 g/1 lb graissés et tapissés. Badigeonner le dessus d'eau et saupoudrer de blé concassé. Couvrir d'un film alimentaire huilé (pellicule plastique) et laisser dans un endroit chaud pendant environ 1 heure jusqu'à ce qu'elle double de volume.

Cuire dans un four préchauffé à 240°C/ 475°F/gaz niveau 8 pendant 40 minutes jusqu'à ce que les pains sonnent creux lorsqu'on les tape sur le fond.

Pain de riz moelleux

Donne un pain de 900g/2lb

3 oz/1/3 tasse de riz à grains longs

½ oz/15 g de levure fraîche ou 4 c. à thé/20 ml de levure sèche

une pincée de sucre

250 ml/8 fl oz/1 tasse d'eau tiède

550 g/1 ¼ lb/5 tasses de farine forte régulière (pain)

2,5 ml/½ cuillère à café de sel

Mesurez le riz dans une tasse, puis versez-le dans une poêle. Ajouter trois fois le volume d'eau froide, porter à ébullition, couvrir et laisser mijoter environ 20 minutes jusqu'à ce que l'eau soit absorbée. Pendant ce temps, mélangez la levure avec le sucre et un peu d'eau tiède et laissez dans un endroit chaud pendant 20 minutes jusqu'à ce qu'elle soit mousseuse.

Dans un bol, nous mettons la farine et le sel et faisons un trou au centre. Mélanger le mélange de levure et le riz chaud et mélanger jusqu'à obtenir une pâte lisse. Placer dans un bol huilé, couvrir d'un film alimentaire huilé (pellicule plastique) et laisser dans un endroit chaud pendant environ 1 heure jusqu'à ce qu'elle double de volume.

Pétrir légèrement, en ajoutant un peu plus de farine si la pâte est trop molle pour être travaillée, et façonner dans un moule à pain graissé de 900 g/2 lb. Couvrir d'un film alimentaire huilé et laisser lever dans un endroit chaud pendant 30 minutes jusqu'à ce que la pâte ait levé au-dessus du bord du moule.

Cuire dans un four préchauffé à 230°C/450°F/thermostat 8 pendant 10 minutes, puis réduire la température du four à 200°C/400°F/thermostat 6 et cuire encore 25 minutes jusqu'à ce que ce soit doré et doré. . -Sounding lorsque la base est touchée.

Pain au riz et aux amandes

Donne un pain de 900g/2lb

¾ tasse/6 oz/175 g de beurre ou de margarine, ramolli

6 oz/175 g/¾ tasse de sucre en poudre (superfin)

3 oeufs, légèrement battus

4 oz/100 g/1 tasse de farine forte régulière (pain)

5 ml/1 cuillère à café de levure chimique

Une pincée de sel

4 oz/100 g/1 tasse de riz usiné

2 oz/50 g/½ tasse d'amandes moulues

15 ml/1 cuillère à soupe d'eau tiède

Crémer le beurre ou la margarine et le sucre jusqu'à consistance légère et mousseuse. Battez les œufs petit à petit, puis ajoutez les ingrédients secs et l'eau pour obtenir une pâte lisse. Façonner dans un moule à pain graissé de 900 g/2 lb (plateau) et cuire dans un four préchauffé à 180°C/350°F/gaz niveau 4 pendant 1 heure jusqu'à ce qu'il soit doré et sonne creux lorsqu'on tape dessus .

www.ingramcontent.com/pod-product-compliance
Lightning Source LLC
Chambersburg PA
CBHW071236080526
44587CB00013BA/1633